新任 1年目なのに、

学級担任が驚くほどうまくいく本。

中嶋郁雄
nakashima ikuo

学陽書房

はじめに

学級担任とは、なんと素敵な仕事でしょうか。教師を目指した時から、誰もが自分のクラスで子どもの前に立つ姿を想像してきたことでしょう。

子どもと一緒に体を動かし、大笑いしながら一日を過ごす。悲しみに打ちひしがれている子には、そっと寄り添い、心をほぐしてあげる。毎日、子どもとともに泣き笑いしながら、子どもの成長のために自分の力をそそぐ……。

教師になった人の多くが、学級担任として充実した教師人生を送ることを思い描いていています。

自分の子ども時代を振り返ってみてください。大好きだったクラスの学級担任に悪い印象を描く人は、まずいないでしょう。大好きなクラスには、クラスをまとめる学級担任の存在が必ずあるのです。

学級担任の仕事は、個性豊かで自己主張の塊のような子どもたちを、目標に向かって一致団結する集団にまとめ上げることです。クラスをまとめることができなくては、クラスの一人ひとりの成長を促すことはできません。そのためには、学級担任スキルが必要不可欠です。

学級担任スキルは、何の努力もなしに、ただ子どもの前に立って時間を過ごすだけでは、決して身につけることはできません。クラスをまとめ、一人ひとりの子どもの成長を促すために、学級担任としてどのようなスキルを身につけ、高めなくてはならないのか。そんな悩みを抱えている先生方に、私のつたない経験が少しでもお役に立てればと、筆を執りました。

学級担任スキルを高めることは、子どもの学校生活を幸せにするだけではなく、自身の教師人生を充実させることにもなります。手に取ってくださった方にとって、本書を、学級担任のすばらしさを実感し、充実した教師人生を送るための一助としていただければ、これほど光栄なことはありません。

中嶋 郁雄

CONTENTS

STEP 2

まずは基本の基本から！ 何があってもグラつかないベーススキル

STEP 3

ちょっとした加減が運命の分かれ道！

クラスがまとまる必勝スキル

STEP 4
授業づくりで子どもの心をわしづかみ！ 絶対はずせない授業スキル

STEP 5

不安・悩みのタネがすぐに吹き飛ぶ！
トラブル対応スキル

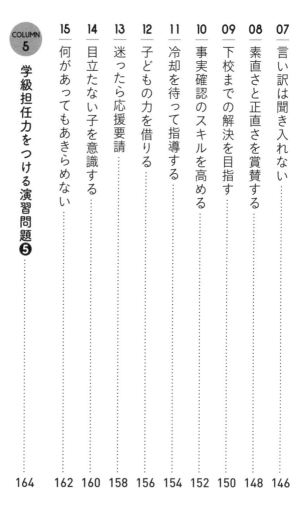

STEP 6

ビクビクしない！　怖くない！
保護者対応スキル

STEP 1

「学級担任」として

必ず身につけたい
スキルはこれだ！

STEP 1

01 まずは、自分を知ろう！

自分って、どんな「タイプ」なの？

細かいことはあまり気にせず、物事を楽観的に考える人。周囲の人との調和を大切にして、自分よりも他の人の気持ちを第一に考える人……。世の中にはさまざまなタイプの人がいます。自分がどのようなタイプの性格であるのかということに向き合うことで、教師として子どもの前に立った時の自分をイメージすることができます。

自分にとって「理想の教師像」とは？

多くの教師が、子どものために日々実践を重ね、教育に真摯に向き合っています。子どもを温かく見守る教師もいれば、厳しい試練をあたえることで成長を促す教師もいます。子どもを教え育てるという目的は同じであっても、教育に関わる考え方や指導の仕方は千差万別です。

自分がどんな教師になりたいのか、最初のうちは想像することは難しいかもしれませんが、自分自身を知り、教師として子どもと接する中で、理想とする教師像を思い描くことができるようになっていくでしょう。

自分は、どう見られているの？

特に新任の頃は、自分の考えや思いが強い分、「指導している自分の姿が、周囲にどのように映っているのか」といったことを、冷静に考えられなくなってしまいます。日頃の何げない言動やしぐさ、服装に至るまで、教師は常に「見られる存在」です。子どもを教え導くためには、指導する自分の姿を、常に客観的に認知しておくことが大切です。

ACTION!

自分に合った教師像を見つけよう！

02

「学級担任スキル」チェックリスト

スキルの向上は、日々の意識から

学級担任に必要なスキルは、クラスという一つの集団を任されたリーダーとしての自覚と、子どもへの関わり方の姿勢に直結しています。つまり、リーダーとしての責任感と、子どもへ心配りをしていくことが、学級をまとめる上で欠かせません。

学級担任スキルの向上を目指して常に教師としての自分を客観的に点検していくことは、クラスをまとめ、子どもの成長を保障するために必要な習慣です。

次頁の表は、学級担任としてこれだけは心がけたいチェックリストです。折にふれて、自分自身が今どんな状況でいるか確認や点検をするためにご活用ください。

●学級担任チェックリスト

	チェック項目	チェック欄
①	「理想の学級像」「理想の教師像」を思い描き、それを目指しながら毎日の実践を行っている。	
②	「クラスのリーダー」という自覚をもち、子どもやクラスを牽引しようと心がけている。	
③	どんな時も、子どもたちの前では、明るく元気な姿を見せるように心がけている。	
④	休み時間は、子どもと一緒に遊んだり会話をしたりするように努めている。	
⑤	全体に向けて話す時は、誰一人として注目していない子がいないように手立てを講じている。	
⑥	集合や整列、取りかかりなどには、素早く行動させるように指導している。	
⑦	子どもの間違った行動を指摘し、時には厳しく指導することができる。	
⑧	どの子にも、その子の「長所」や「良い行い」に目を向けることができる。	
⑨	授業や生徒指導で、子どもを指導する自分の姿を、客観的に認識するように心がけている。	
⑩	疑問や悩みがあれば、先輩や同僚に、気軽に質問や相談することができる。	

理想を描き、熱をもって臨む

「学級担任チェックリスト」で自身の学級担任としての姿勢を点検していくと、教師という仕事に情熱を傾けることができているか否かを再確認することができます。最近では、「教師はブラック職業」という風潮が蔓延し、教育実習やサポーターなどで学校現場を体験するうちに、教師になることに躊躇する人も増えているようです。

「昔からの憧れ」「安定している職業」などという甘い考えでは、もちろん充実した教師人生を送ることはできませんが、さまざまな困難に突き当たり、苦悩する時があるのは、どんな職業でも同様です。それでもなお、教師という仕事にやり甲斐をもって子どもの前に立つためには、教育の理想を思い描き、情熱をもち続けることが、最重要な教師の資質であることを忘れてはいけません。

モチベーションを維持しよう

「学級担任チェックリスト」による自己点検で、8つ以上「○」が付けられた人は、学級担任として上々のスタートを切っていると考えられます。これらを基礎にして、さまざまな学級担任スキルをさらに磨いていきましょう。長い一年間のうちに、日々の仕事に忙殺されたり油断が生じたりして、意欲を失うことも十分あり得ます。それでも日々の努力の積み重ねでしか、学級担任に必要な力は身につかないと自覚して、モチベーション維持の努力を続けましょう。

努力による成功体験が教師の資質を高める

３つ以上「×」がついた人は、自分に不足している項目を点検し直して、明日から不足している項目を意識して子どもの前に立つ必要があります。現段階でクリアできていなくても、スキルを習得する努力を怠らなければ、必ず成長することができます。自分に不足しているスキルを習得しようと努力すれば、「手ごたえ」を実感できる頻度が徐々に増えてくるはずです。その成功体験が、指導の自信につながります。

ACTION!

「チェックリスト」で日々点検して学級担任の心構えを身につける！

STEP 1

03

弱点を強みに変えるシンプルセルフトレーニング

物事を「プラス思考」で捉える

人は誰でも弱点を抱えています。しかし、弱点があるからこそ、子どもの弱さに共感し寄り添うことができ、弱点を克服しようと努力することもできるのです。そう考えると、弱点は思いやりの心や、努力する力を身につける最大の強みだとも言えます。

「災い転じて福となす」という言葉があるように、どんなことでもプラスに考えることが、自身の弱点を強みに変える最強の方法ではないでしょうか。

逆転の発想を大切にする

さらに、常識と思われていることでも、角度を変えることで、異なる認識が生まれることがあります。例えば、「保護者会の参加が少ない＝残念」という常識も、「＝クラスが安定している証拠」と考えることができます。「いい加減」は「大らか」となり、「気弱」は「優しい」となります。このように、弱点も見方によって強みに変える「逆転の発想」をする訓練が、確実に弱点克服の一助につながっていきます。

「変化できる人」が成長する

まず、自分の弱点を受け入れることが、向上的変容の第一歩です。弱点を受け入れて自分を変えていこうとする勇気こそが、教師の力量を向上させるための原動力です。弱点を受け入れ、克服に向けて努力し、さらなる成長のためにより一層力を尽くす。現状を維持するために頑なになることなく、柔軟に変化しようと心がけてきたか否かが、その後の力量の格差となって表れます。

子どもが指示通りに行動しないことに対して、「自分の指示の仕方に問題がある」と謙虚に受け止め、改善しようと心がける姿勢が大切です。

ACTION!

どんなこともプラス思考で考える！

04 持ち味をさらに伸ばす ちょっとした習慣

フットワークを鍛える

学校で子どもたちに何かトラブルがあれば、その場ですぐに対応しなくてはなりません。また、子どもが興味や意欲を示したことは、予定を変更してでもやらせたほうがいい場合もあります。フットワークの軽さは、学級担任として備えておきたい力の一つです。そのためには、「やろう」「やったほうがいいかも」と少しでも思ったら、すぐに行動するように心がけていきましょう。

聞くは一時の恥、聞かぬは一生の恥

学級担任になって間もなくは、授業の進め方や学級づくりなど、あらゆることにつまずき、悩んだり迷ったりすることでしょう。しかし、そこで抱え込んではいけません。分からなければ誰かに尋ね、悩んだら相談していくのです。周囲には経験豊富な先輩教師もいれば、共に学ぶ仲間の教師もいるはずです。「力不足と思われたくない」などと自分を大きく見せることは、結果として教師の力を高めることから逃げることになります。気軽に尋ねたり相談したりすることを習慣づけていきましょう。

時間をつくって読書に励む

残念なことに、本を読むことが苦手な教師が増えてきていると言われています。しかし、子どもに「読書は大切」と教える立場であるからこそ、読書習慣は必須です。本は先人が長年かけて築き上げてきた教育論や教育技術を教えてくれます。

読書によって、幅広い知識や思想を知り、それを身につけ、「気分と勘と経験」でしか指導することができない教師にならないよう努めましょう。

ACTION!

少しの心がけでできる習慣をどんどん取り入れよう！

STEP 1

05

学級担任を成功させる必須スキル

クラスのトップリーダーになる

子どもは、自我の塊のような存在です。その子どもが学ぶクラスという集団の中では、強烈な自我のぶつかり合いが頻繁に生じます。時には感情を爆発させ、多くの友だちを巻き込んで闘争状態になることもあります。そのような子どもたちの争いを収め、集団生活に必要な力を育て導くためには、学級担任は、子どもたちを超越したトップリーダーでなければなりません。

集団をまとめる

学級担任としてもっとも必要なのは、「集団をまとめる力」です。

例えば、円滑な友だち関係を築かせるために、クラスにある課題を分析し、解決に向けた取り組みの旗振り役となるのは、学級担任です。子どもたちの気持ちを一致団結させるために、子どもたちが本気で取り組む活動を、先頭に立って推進することも学級担任にしかできません。

異なる個性をもつ活動的な子どもたちが集まるクラスをまとめて牽引していくためには、「集団をまとめるためのスキル」が必要不可欠なのです。

「クラス愛」を漂わせる

子どもたちにとって、学級担任は頼りに感じたり、誇りに思ったりする存在であるはずです。思いはさまざまですが、子どもにとって学級担任が特別であることに間違いはありません。その学級担任もまた、クラスに愛情を感じ、子どもたちに期待をかけるはずです。「愛情」はスキルではありませんが、クラスに愛情を感じて接するからこそ、授業や生徒指導の場面で信頼関係が生まれます。

ACTION!

スキルアップのヒントは日々の実践の中にあり!

COLUMN 1

学級担任力をつける演習問題❶

自信をもって子どもの前に立つために、何が必要ですか？

クラスを任され、希望に燃えてスタートを切ったものの、いざ子どもの前に立つと、何をどう指導していいかと、とにかく迷ってしまいます。学級担任として自信をもてるようになるために、何が必要なのでしょう。

ヒント！

- ☑ 子どもから見られていることを忘れず、「リーダー」という自覚をもって、演技であっても堂々とした立ち居振る舞いで子どもの前に立つように努めましょう。
- ☑ 「失敗して当たり前」と肩の力を抜き、子どもたちとともに学校生活を楽しむことに気持ちを傾けましょう。
- ☑ 管理職や先輩教師にお願いをして教室に来てもらい、子どもとの関わり方や指導の仕方を見てもらう機会を、できる限り多く設けます。

！対策例！

大勢の子どもを前にすれば、何を話せばいいのか、どう声をかければいいのか、不安を感じたり、迷ったりするのが当然です。最初から学級担任として自信をもって子どもを指導することのできる人などいません。自信を失い迷わないほうが、学級担任を続けていく上では、逆に危険なことです。真摯に学級担任の仕事に取り組むからこそ、悩んだり迷ったり自信をなくしたりするのです。

毎日、迷ったり不安になったりすることで、学級担任としての学びが始まります。「最初からうまくいかなくて当たり前」「失敗して悩んで当たり前」と考えて大丈夫です。大切なことは、自分が未熟だと思えばこそ、「他の教師や書籍から学ぶ」姿勢を身につけることです。学級担任として必要な技術を学ぶことが、自身の教育観や子ども論を形成することになり、子どもたちを指導する自信につながります。

他の教師や書籍から学んだことをすぐに現場で実践し、子どもの反応を見ながら、自分のものにしていくという日々の積み重ねが大切です。

STEP 2

まずは基本の基本から！

何があってもグラつかない ベーススキル

STEP 2

01

声はおなかから張り上げる

教室の隅々に行き届かせる

教師になって間もない頃は、子どもの前で話すことだけでも緊張するものです。特に、指導に自信がない場合は、声のトーンも落ちてしまいがちです。しかし、教室は、私たちが考えている以上に広く、しかも三十数人もの子どもたちが集まっていることを考えると、意識して声を出す必要があります。もちろん、必要以上に大声を出すのは問題ですが、教室の隅々にまで行きわたるように声量を上げます。

後ろの壁に「ぶつける」

同じ声量であっても、声にインパクトがあって聞く人の耳に入ってくる声の人と、何となくスーッと流れてしまい、耳に留まらない声の人がいます。一般的に「声の張り」と言われますが、声にインパクトのない話し方では、子どもには届きづらく、すぐに集中力を失わせてしまいます。クラス全体に対しては、声を後ろの壁に「ぶつける」イメージで、声の張りを意識して話しかけるようにしましょう。

客観的な分析・訓練

他人からいくら指摘されても、自分がどのような声量で子どもたちに話しているのかはなかなか分かりづらいものです。そこで、ボイスレコーダーやビデオカメラに自分の授業風景などを記録して、客観的に分析する必要があります。そうすることで、声量や声の張り方、話し方など、具体的に課題を見つけることができるのです。他人から指摘される以上に効果があり、納得して自身の課題と向き合うことができます。

ACTION!

録音・録画で授業風景を記録する!

STEP 2

02

喜怒哀楽を大げさに

喜怒哀楽で「分かりやすい」指導を

喜怒哀楽をしっかり表に出して指導することで、子どもは、教師の思いや願いを感覚的に理解することができます。教師の気持ちが分かりづらいと、「自分たちのことを真剣に思ってくれていないのでは?」と、子どもに不信感を抱かせることにもなります。教師の感情を子どもに伝えることを意識して指導することで、「分かりやすい指導」になります。

子どもは「感情」に揺さぶられる

一方で、子どもはダイレクトに感情を表現します。沸き上がった感情を、包み隠すことができるほど心を制御することができません。そのことは、裏を返せば、相手の気持ちを推し測ることができないということでもあります。ですから、子どもに対しては、表情や声色で感情を表しながらしっかり伝えていかなければ、こちらの意図を理解させることは困難です。また、叱る時もほめる時も、それほど感情が表に出ないというのでは、子どもの心に教師の気持ちが届くことはありません。

教室は、指導の「舞台」

教室はそもそも勉強する場所ですから、子どもは我慢してでも教師の話を聞いてくれます。しかし、喜怒哀楽の変化がなく感情を揺さぶられることのない指導が続けば、集中力は途切れ、我慢も限界に達します。「教師は役者であれ」とよく言われます。演技が下手な役者の舞台など、5分も観れば飽きてしまうでしょう。教室を「舞台」と捉え、子どもを引き付ける「芸」を高めることを意識しましょう。

ACTION!

喜怒哀楽をしっかり表して、子どもの心に響かせよう！

STEP 2

03

メリハリのある語りかけを

「大きさ」「速さ」「間取り」

メリハリの利いた話し方のために大切なことは、「声の大きさ」に変化をつけることです。加えて語り口の「速さ」の変化を意識します。そして、「間」を取ること。この三つの要素を組み合わせて、語りに変化を生じさせ、重要なことを強調したり、子どもの意識を引き付けたりします。テレビやラジオなどで、俳優やアナウンサーの語りを参考に、聞くものを引き付ける語り方を目指しましょう。

ハキハキと伝えたい

聞く人にとって、「何が言いたいのか分かりやすい」話し方を心がけましょう。ダラダラと同じようなことを繰り返し、結局、何を伝えたいのか理解しづらい話し方では、大人であれば、何を伝えたいのか聞き取ろうとしますが、相手は子どもです。わけの分からない話に聞く気はなくなり、すぐに意識を別のことに移してしまいます。子どもが受け入れやすいよう、歯切れよく元気な声で話すことはもちろん、伝えたいことを明確にして話すことが重要です。

「結論」からズバリ伝える

「伝えたいこと」を最初にズバリと短く話すようにします。理由を説明した後で、結論を述べる方法もありますが、子どもに話す時は、「結論」から始めるように心がけましょう。例えば、「マンガは禁止です」→「貸し借りで問題が起きているからです」というようにです。結論から話すことで、教師が伝えたいことがズバリと理解され、そのことにより、後の話を聞く姿勢にもいい影響が生まれます。

ACTION!
語りかけに「変化」をつけよう!

STEP 2

04

全身をつかって表現する

全身で伝えると理解が早い

子どもに対しては、「全身で指導する」ことが必要です。特に低学年の場合は、言葉で伝えるだけでは、教師の指導が子どもの心にスッと入っていきません。表情や体の動作を付け加えながら、まさしく「全身」を使って伝える必要があります。

子どもは、教師が全身で伝える姿を見て、その動作や表情から教師の伝えたいことを、より深く理解するようになります。

パフォーマンスが意欲と集中力を高める

淡々とした語り口調で、静止画像のように動きがない授業では、小学生であれば、五分と集中力はもちません。意欲も失ってしまいます。授業の進め方はもちろん重要です。しかし、活動的で学ぶ姿勢が未熟な子どもたちを教えるには、こちらに意識を引き付けることを忘れてはなりません。子どもは「動き」に反応します。同じ場所に長く留まらずに、移動することが大切です。

全身をフル活用して表現するだけでも、子どもを相当引き付けることが可能です。

移動・手振り・表情

子どもの前に立ったら、一挙手一投足を子どもに見られていると意識するべきです。そして、指導を効果的にするために、「引き付ける」「感情を揺さぶる」「納得させる」ことが必要です。指導の場で「全身を使って表現する」のは、そのための重要な要素なのです。そして、話す時は手を上げたり広げたりして大げさな表現を心がけます。表情にも変化をつけることを忘れずに。まさしく「役者」になりきることです。

ACTION!

全身を使って大げさに表現する！

05 こまめに注目させる

「一文」話したら一注目

総じて子どもの集中力は、散漫になりがちです。特に低学年などは、目を離したすきにおしゃべりを始めたり、筆記用具で手遊びを始めたりと、注意力散漫の塊です。このような子どもを三十数人も前にして指導しなくてはならないのが学級担任なのです。

教師の話を聞きもらさせないためには、こまめに集中させる手立てが必要です。「作業を止めなさい」→「鉛筆を机に置きなさい」→「先生の目を見なさい」→「口を閉じなさい」というように、一文話したら、話をしっかり聞いているか確認し、注目させた後に次の一文を続ける「一文一注目」の意識で話しましょう。

注目させる工夫を生み出そう

また、教師の話に注目しない子がいるのは、「注目しなくても許される状況」をつくってしまっていることが原因です。うわの空で話を聞くふりをしていたり、足元や窓の外を向いて教師を見ていなかったりする子がいるのに、話を進めてはいけません。「今、先生は、何を話していた？」などと、こまめに注意喚起を行うことで、「注目せざるを得ない状況」をつくり出しましょう。

例えば、走り回っている園児を、音楽や楽器を使って集合させたり、イラストカードやリズム合わせで話に注目させたりするなど、幼稚園・保育園の先生方の指導術からは、学ぶところ大です。やり方は異なっても、子どもを注目させる工夫は小学校でも必要です。楽器の代わりに手拍子で、イラストカードの代わりに「注目」と表示された札で注目を促すなど、さまざまな工夫を取り入れていきましょう。

ACTION!

こまめに注目させる工夫をしよう！

STEP 2

06

余計な音にこそ敏感になる

不要音は乱れの一歩

映画やテレビを見る時、お菓子を食べたり椅子を鳴らしたりする音は、とても不快に感じます。教室で、黙って作業する時や、子どもに話をする時に、イスを鳴らす音や鉛筆を机に当てる音などがすると、教室の空気が乱れて集中力をそがれる状態になります。「子どもが立てる些細な音だから」と寛容になってはいけません。不要音があるということは、授業に参加していない子や教師の話を聞いていない子がいる証拠です。

不要音はすぐ止める

授業中、ノートに書く学習など、静かに個人学習を行う場面はたびたびあります。

その学習中に、「コンコンコンコン……」と鉛筆を机に当てる音を立てる子がいます。このような音は周囲の子にとって非常に迷惑なものです。学習に集中できる教室の雰囲気を破壊する音でもあります。教師の話や友だちの発表の時に、コソコソと話をする音も同じです。不要音はすぐ止めて、その子をたしなめるようにしましょう。

放っておくのが常になれば、不要音は大きくなり、クラスは大きく乱れてしまいます。

不要音なしを体験させる

いつも落ち着きがなく何らかの音がしているクラスは、規律が乱れているクラスです。そうしたさまざまな不要音がある中で、いくら子どもに指導しても効果は期待できません。「クラスが乱れているかも」と感じたら、音を立てない静かな状態をつくるようにしましょう。クラスの乱れが大きいほど時間がかかりますが、「落ち着いた雰囲気」を体験させ、心地よさを理解させることが必要です。

ACTION!

教室内の不要音は徹底的に排除しよう！

07 視界に入った「獲物」は逃さない

些細なうちにピシッと締める

子どもの気になる行いは、ほんの些細と思えるようなことから始まります。それは例えば、教師の話の最中に下を向いて聞いていない、授業中にぼーっとうわの空で過ごすなどです。最初のうちは、とりたてて周囲の迷惑になるような行いではありません。だからと言って指導をしないでいると、その気になる行いが徐々に大胆になっていき、クラスを乱すほどになってしまうのです。

無駄な動きは指摘する

教師が指示したこととは異なる行動に対しては、どんなに些細なことであっても、必ず指摘して注意喚起を促すようにしましょう。話を聞く姿勢が崩れていたり、指示したことをやり始めていなかったりといったちょっとした行いであっても、必ずたしなめる言葉をかけることが大切です。無駄な動きとはいえ、些細に思える程度のうちなら、優しい一言でも十分効果を発揮します。立ち歩きや飛び出しなど大胆な行動に発展させないためには、「これくらいは放っておいても大丈夫」と思えるような行いのうちに気にかけ、たしなめていくことが大切です。

「動き」は常に観察対象

授業中の手遊びや椅子でのバランス遊びなども、一見、些細なことのようでも、教師の指示を聞いていない、守らないという点では、立ち歩きや飛び出しと同じレベルの問題行動です。クラスの落ち着きをなくす原因となる行動には、小さなことであっても厳しく目を光らせる意識が大切です。

ACTION!

指示と異なる行動は、小さなことでもすぐに指導しよう！

STEP 2

08

変化をつけて飽きさせない

子どもは「単調」を嫌う

活動的な子がもっとも苦手とするのが、「単調」「平坦」です。特に、何の変化もなく単調で、波一つない、静まり返った海のような時間には、すぐに飽きてしまいます。教師の話し方や授業の進め方が単調で淡々としたものであれば、二分と経たないうちに、意識が別にそれる子が現れ、五分もすれば、おしゃべりや立ち歩きを始める子も現れて、子どもたちの多くが教師の指導を拒絶してしまいます。

ジェットコースターのイメージで

子どもを引き付けるためのポイントとして、遊園地のジェットコースターをイメージすると分かりやすいでしょう。ゆっくりと穏やかな口調で接していたかと思えば、重要なところで問いかけるように迫ったり、時には大きな声で子どもたちを驚かせたりするのです。また、笑いの場面をつくります。そして時には、動作と言葉を停止して、静寂の時間をつくることも効果的です。子どもの意識を引き付け、集中力を絶やさないためには、いつ何が起きるか予想できないような変化を意識しましょう。

「静↕動」や「明↕暗」を演出する

授業中には丁寧な言葉づかいで穏やかに子どもを指導しますが、休み時間になったら、まるで子どものように、子どもたちと一緒に駆け回る。逆に、普段はとても優しくておもしろいけれど、叱る時は鬼の形相で恐ろしい姿を見せる。子どもに真剣さを見せるためには、変化に富んだ演出が大切です。すると、子どもも自ずと緊張感をもって教師と接するようになり、信頼関係を築くことにつながります。

ACTION!

態度や表情に変化をつけて、力強く引き付けよう!

STEP 2

09

元気をあたえて一日のスタートを

教師の元気を植え付ける

休み明けは、憂鬱な気分で登校してくる子が少なくありません。元気がなく、教室にどんよりと淀んだ空気が漂っている日もあります。そうした子どもたちに元気をあたえ、気分を盛り上げていくことができるのは学級担任に他なりません。

もし、子どもたちを元気のないまま放っておけば、せっかくの学校生活を楽しむ時間が少なくなり、授業にも悪影響が及ぼされてしまうでしょう。

無理にでも笑顔をつくる

教師も子どもと同じで、休み明けは憂鬱になったり、気分が落ち込んだまま出勤したりする日もあります。しかし、学級担任が憂鬱でつまらなそうにしていれば、子どもたちもつまらない気分になってしまいます。教室の雰囲気をつくるのは学級担任です。出勤前や教室に入る前は、無理にでも笑顔をつくり、元気な姿で子どもの前に立たなくてはなりません。たとえ空元気でも、笑顔でいれば自然に元気が出てきます。子どもに笑顔があふれるように、学級担任が元気を引き出していきましょう。

声を出し、体を動かす

子どもたちの元気な姿を取り戻すためにもっとも効果的な方法が、「声を出す」と「体を動かす」です。元気のない子も、大きな声を出して笑ったり会話したりするうちに、気持ちがどんどん晴れていきます。体を動かして遊んだりゲームをしたりするうちに、憂鬱な気持ちを忘れて、楽しく一日を過ごすエネルギーが湧いてきます。

「考えさせるより行動させる」ことで、子どもたちを元気にしてあげましょう。

ACTION!

声を出して、自らの元気を子どもに伝播させていこう！

STEP 2

10

「怖い先生」になる

優しいだけでは集団はまとめられない

学級担任は、個性と自我の強い子どもも集団をまとめるという重要な職務です。なかには、担任の指示を守らず、友だちに迷惑をかける子もいます。クラスの輪を乱し、自己中心的な行動をする子もいます。時には、自分自身や友だちの身に危険が及ぶ行為をしてしまう子もいます。そのような子どもたちをまとめ上げるために、学級担任は常に子どもに一目置かれる存在でなければなりません。

「ここぞ」という場合の「怖さ」が必要

例えば、宿題をやり忘れたり、掃除をさぼったりしたのがバレた時、「先生に叱られる〜」と必ず子どもたちが学級担任を意識すれば、それだけで、「怖い存在」として合格です。教師が一目置かれるためには、「ここぞ」という時に、子どもに怖さを感じさせる必要があります。例えば、嘘や言い訳は絶対に許さない、友だちに嫌な思いをさせることには厳しく叱るなど、絶対に譲れないことを決めて、その点だけはブレず、鬼のように恐ろしい姿を見せることが必要です。

「優しい先生」にはいつでもなれる

聞こえのいいことを言うばかりでは、子どもの力もつかず、友だち同士の争いを収めることもできません。結局、「優しい先生」のはずが「頼りにならない先生」となり、子どもにとって「むごい教師」になってしまいます。「優しい先生」にはいつでもなれます。最初は、「厳しい先生」くらいでちょうどいいのだと思っておきましょう。クラスをまとめるためには、有無を言わさず従わせざるを得ないこともあります。そうでなければ、クラスを平穏にまとめることなどできません。

ACTION!

「怖い先生」からスタートすれば、「優しい先生」に変化できる！

11 「楽しい先生」になる

担任が「楽しい学校」を保障する

学校生活の中での子どもの楽しみは、「友だちとの時間が楽しい」「学ぶことが楽しい」などと、子どもによって異なります。また、学校生活の中で、子どもたちは学級担任とさまざまな関わりをもっています。授業や生活のあらゆる場面で前に立つ学級担任は大きな存在です。「先生といると楽しい」「元気が出る」という存在であることは、子どもたちが充実した学校生活を送る上で大きな要素になっています。

子どもとの関わりを「楽しむ」

人間関係を築くためには、「楽しい」「明るい」「元気」といったプラスの要素が基本です。授業での子どもとのやり取りや、ふとした子どもの言動の中には、思わず笑みがこぼれたり、心が動かされたり、時には大爆笑したりするものがあります。

子どもとの関わりは、「教師になってよかった」と思える時間を提供してくれる貴重なものです。「楽しい先生」になるためには、まずは、自分自身が学級担任を楽しむことです。

「楽しい」は「ふざけ」ではない

日頃から子どもたちに伝えていくべきことの一つとして、「楽しい」ことと「ふざける」ことはまったく異なるものだということがあります。時折、人の短所を取り上げて笑ったり、子どもと同じような汚い言葉づかいで会話したりするなど、とても教育的とは思えない「ふざけ」で子どもと関わっている教師の姿を目にすることがあります。

教師として、子どもと近しくなるためのやり方を間違えてはいけません。

ACTION!

日常的に何げない関わりを教師も楽しもう！

STEP 2

12

個別指導と全体指導で相乗効果を

個別指導で全員の意識を高める

子どもは、学級担任の言動を注意深く観察しているものです。例えば、きまりを守れない子を指導する様子を、周囲の子は聞き耳を立てて観察しています。子どもが起こすさまざまなトラブルに対する指導は、トラブルを起こした当人だけではなく、クラス全員に考えさせたいことです。厳しく叱らなくてはならない場合を除き、些細なトラブルの指導は、クラスみんなに考えさせるという意識で行いましょう。

全体指導は個別指導に

授業中の子どもたちの姿勢が乱れてきた時、クラス全体に向けて声をかけるということは、子ども一人ひとりの姿勢を正す指導をしたことになります。ふざけて掃除する子がいる時に、クラス全体で掃除について考えさせる指導をすることで、掃除を頑張る気持ちを高めることになります。全体指導は、できている子をたたえ、できていない子を改善させるための個別指導でもあります。指導の後に子どもが変容していなければ意味がありません。個々の子どもたちを意識した全体指導を心がけましょう。

子どものメンツを潰さない

どの子も、教師に叱られている姿を友だちに見られたくはありません。特に高学年にもなれば、自分の失敗を棚に上げて、教師に反発心を抱くこともよくあります。場合によりますが、個別指導は他の子が見ていない場所で行うのが基本です。その上で「一人の問題はクラス全員の問題」と考えて、何かが起きて課題を見つけたら、問題を一般化してクラス全体でも考えさせましょう。

ACTION!

全体指導も個別指導も、二兎を追って効果は倍増！

STEP 2

13

一指示・一確認・一指導の基本を大切に

指示内容は一つだけ

子どもは、教師が考えているほどには話を聞いていないものです。聞き取る力が弱い子もいれば、注意力散漫な子も、ぼんやりと他人事のように聞き流している子もいます。

だからこそ、クラス全員に指示を徹底させるためには、指示する内容を一つに絞るのが基本です。特に低学年では、「お口を閉じて」「先生を見て」「大切なお話をします」「しっかり聞いて……」というように、話に注目させるところから一つずつ細かく指示しなくてはいけません。

常に「短く・明確に・一つの内容」を意識しましょう。

指示を出したら、子どもが指示通りの行動をしているか、その都度確認します。次の指示は、教師が出した指示通りに行動できていない子が一人もいない状態で出さなければいけません。

二人も三人も指示通りの行動ができていないのに、次々と指示を出し続ければ、教師の話についていけない子が多数出てしまい、教室が騒がしくなっていくのです。一つの指示に対して、必ず確認作業を忘れないようにしましょう。

できていなければすぐに指導

指示通りに行動できていない子には、すぐに指導しましょう。「先生を見て」という指示を出してクラス全体を見回して確認すると、うつむいていたり窓の外を見ていたりする子がいることがあります。「先生と目が合わない子がいるね」などと、必ず改善のための指導を入れるようにします。

何を直せばいいのかを明確にすれば、すぐに改善できるため、こうした方法であればクラスが大きく乱れることはなくなります。

ACTION!

子どもに分かりやすく明確な指示を出そう!

14 子どもと一緒に遊び、会話する

子どもは「若い先生」が大好き

一般的に、子どもは若い先生が大好きです。年齢が近く、話す内容も理解してもらえることが大きな要因ですが、何と言ってもエネルギッシュな姿に惹かれるのではないでしょうか。振り返れば、若い先生が自分の担任になったことで、飛び上がって喜んだ経験のある人も多いのではないでしょうか。学級担任として、教師としての経験やスキルはベテラン教師に劣っても、若さは何物にも代えがたい魅力です。

遊びや会話から「友だち関係」を見る

子どもと遊んだり会話したりすることは、関係を築くだけではなく、子ども同士の関係を把握できる大切な時間です。教師が考える以上に子どもたちが力関係に縛られ、強い子に気をつかっていることを発見することもあります。また、見た目は仲よしでも、互いを意識して張り合う関係に気付かされることもあります。

　授業中では分からない子ども同士の関係を、さりげなく探りながら学級経営に生かすことができます。

「素」の子どもを見る

　休み時間は、子どもが本音を出しやすい時です。日頃から子どもの遊びや会話に参加していると、子どもが本音を漏らすのを聞いたり、普段はあまり見せることのない一面を見たりすることがあります。子どもとの関係を築く上でも、子どもを指導する上でも、休み時間にはできるだけ子どもと一緒に遊び、会話しましょう。

　子どもと一緒に汗にまみれて活動することができるのは、若い時代の醍醐味です。


ACTION!

理解を深めるために、子どもと一緒に汗を流そう！

15 すべての子どもと意図的に関わる

子どもにとって学級担任は一人

教師にとっては個々の子どもは三十数人中の一人かもしれませんが、子どもにとっては学級担任は一人しかいない重要な存在です。すべての子が担任との関わりを求めているはずです。たとえ反抗的な態度を示したとしても、反抗することで担任と関わりをもつことを望んでいるのです。そう考えれば、学級担任として、すべての子に対して関心をもち、一日のうちに必ず関わりをもつように心がけなくてはなりません。

「普通の子」にこそ意識して関わる

すべての子を大切に思うなら、毎日、すべての子の記憶や記録に残る関わりをもつことができなくてはなりません。意欲的で理解力もありクラスで目立つ優秀な子や、反対にトラブルが多い子は、教師が意識しなくても関わりが増え、記憶にも残ります。ところが、いわゆる普通の子どもたちは、意識しなければ、関わる機会もなく、あまり記憶に残ることもないでしょう。おとなしく目立たなくなりがちな「普通の子」にこそスポットを当てて、意図的に関わるように心がけましょう。

クラスでの「存在感」を感じさせる

すべての子が自分のクラスを好きになり、クラスの一員でよかったと思うような学級づくりを目指すことは、担任のやり甲斐の一つです。クラスに愛情をもつには、クラスの中での自分の存在感を、どの子も実感できる必要があります。

日々の担任との関わりこそが、存在感を確かめるために大きな役割を果たしているのだということを忘れてはなりません。

ACTION!

意図的に子どもと関わる心がけを常にもとう！

COLUMN 2

学級担任力をつける演習問題❷

どうすれば、真剣に耳を傾けさせることができますか？

大切な話をしているにもかかわらず、しばらくすると、手遊びをしたり他を向いたりする子が増えていき、教室全体が落ち着きのない雰囲気になってしまいます。引き締まった雰囲気で子どもに集中させるには、どうすればいいでしょう。

ヒント！

☑ 淡々とした語りかけは、子どもの集中力を奪う。表情や身振り手振りを大げさにして変化を加えて話しかけるようにします。

☑ 横や下を向いたり手遊びをしたりして話を聞いていない子がいれば、すぐに声かけをして、必ずたしなめます。

☑ 指示や指導は、「一人の漏れ落らも許さない」ことが基本。聞いていない子が一人でもいたら即指導することが、クラス全体の聞く姿勢を正していきます。

！対策例！

学校で起こるすべての問題は、些細なことから始まります。全国のあちこちの教室で起きている「学級崩壊」も、４月のはじめから、いきなり立ち歩きや飛び出しが起こるわけではありません。

手遊びやコソコソ話など、一見、他の子の迷惑にならないような軽微な問題行動が、指導もされず放置され続けた結果、おしゃべりや立ち歩きなどがまかり通る教室になってしまうのです。そうなってしまうと、いくら大声を張り上げて注意しても、教師の指導を行き届かせることは非常に困難です。

小さな問題行動を素早く察知することができれば、一言たしなめるだけの指導で、当の本人はもちろん、クラス全体に指導が行きわたります。学級担任として、「クラス全員が、集中して真剣に話に耳を傾ける」ことができるよう全力を傾けましょう。

よそ見をしている子を見つけたら、すぐに名前を呼んだり、そばに行ったりして、注意を促すなど、少しでも気になる行動に敏感になり、瞬時に指導するように心がけましょう。

STEP 3

ちょっとした加減が運命の分かれ道！

クラスがまとまる必勝スキル

STEP 3

01

教師の指示は絶対遂行

指示の通り方は集団をまとめる力

担任の指示に対する子どもたちの聞き方や動き方で、クラスのまとまり具合が分かります。学級担任を中心に、子どもたちがまとまっているクラスは、担任の指示に対して素早く行動することができます。

よく、「指示通りにしか行動できないのはダメ」などと言われますが、基礎的な行動ができてはじめて、自分で考えて行動する力が身につきます。

指示は明るくあっさりと

リーダーの指示通りに行動できない集団の中で、個々の発想や力を伸ばすことは不可能です。まずは、自信をもって「指示通りに行動できる集団」を目指しましょう。
「指示」というと「指示通りにいかない場合は厳しく指導しなければならない」と考えるかもしれません。「指示は厳しく行う」というイメージをもって行うと、子どもとの関係に支障をきたし、かえって指示に従えない子を増やす危険があります。
指示は、明るくあっさりと行い、高圧的にならないように心がけましょう。そのほうが、子どもも気持ちよく受け入れることができます。

ほめて指示を通す

子どもが教師の指示通りに行動することができたら、そのことを「当たり前」と考えるのではなく、「すばらしいこと」と受け取れば、自然にほめたい気持ちになるものです。ほめられることで、子どもは教師の指示を守ることに喜びと自信を感じ、教師への信頼も高まっていきます。指示を遂行させるために、ほめることは必須です。

ACTION!

〝ほめ〟を取り入れながら、指示を遂行させよう！

STEP 3

02

子どもの前で迷いを見せない

迷いは不安と不信を招く

「キーホルダーを付けていいか」「蛍光ペンを使っていいか」などといったような、学校の決まりとして明確に文章化されていないような些細な判断を、子どもたちは担任に求めてきます。判断を出しかねる場合に、迷いながらあやふやな返答をすると、後で大きなトラブルを招くことになります。一度許可したことを後になって禁止することになれば、子どもは混乱して不安を招き、教師への不信感を抱いてしまいます。

迷ったら「分からない」と言い切る

学級担任だからといって、すべてのことを完璧にやらなくてはならないと思うのは間違いです。子どもの質問や相談に対して、もしも回答を迷うことがあれば、「分からない」と答えることも誠実な姿勢の一つです。「後で、他の先生方と相談するね」「調べておくから待ってね」などと伝えるようにするといいでしょう。迷ったあげく、あやふやな対応をするよりも、格段に子どもに安心感と信頼感をあたえます。

必ず後で回答する

子どもの質問や相談に対する回答を保留した場合は、必ず後で回答しなくてはなりません。その際は、できる限り迅速に、可能であればその日のうちに子どもに伝えることが必要です。回答に迷い、「待った」をかけたら、すぐに同じ学年の教師や、生徒指導部の教師に相談するようにしましょう。

子どもに、「先生は、必ず答えをくれる」と認識してもらうことが、学級担任としての権威を保つことになり、子どもとの良好な関係づくりにも役立ちます。

ACTION!

「分からない」「少し待って」と言い切って、あやふやな回答は避けよう！

STEP 3

03

「見られている」と感じさせる

些細な言動に反応する力を

「教師に見られている」と子どもに感じさせることは、クラスを落ち着かせるための重要なスキルです。「見られている」と感じさせるためには、子どもの些細な言動に素早く反応する力を身につけなくてはなりません。授業中に意識が他にいっている時や、発表を促した時の表情や指のかすかな変化に気付く力が必要です。

その場ですぐに簡易指導

視界に入る子どもの表情や指先の動き、耳に入る子どもが発する音に反応し、注目する力を高めることで、子どもに「見られている」と感じさせるようにしましょう。

気付いているにもかかわらず、何の指導もしなければ、子どもからすれば、「先生は見ていない」ということになります。注意散漫な様子を認めれば、近くに行って目を合わせる。指示した作業に取りかかっていないと分かれば、肩をたたいて促す。表情と指先の動きで、発言を促す指示を出す。目や耳から入ってきた子どもの言動のうち、気になることがあれば、すぐに行動（指導）することが必要です。

全体の場で「後ほめ」する

困っている子にそっと手を差し伸べたり、誰に言われたわけではなくトイレのスリッパを並べたりするなどのさりげない子どもの言動には、感動させられるものです。もちろん、その場ですぐにほめるのもいいのですが、授業開始前や帰りの会など、後になって、クラス全員の前で紹介し、担任としての感想を述べながら、賞賛の言葉を贈るようにすれば、「先生は見てくれている」と実感させることができます。

ACTION!

すばやい反応で子どもを安心させる！

STEP 3

04

全員が活躍できる場づくりを

すべての子が一日一度は授業で発言

「今日、授業で、こんな活躍をした」と振り返ることができるように、授業中は、全員に最低でも一回は発言させるような進め方をしましょう。単元や学習内容によりますが、可能ならば「一時間に全員一回以上の発言」を目標にします。

発言することは、注目されることになり、「活躍した感」を明確に感じさせることができる活動です。指導書通りに授業を流すだけでは、すべての子の発言を保障する授業づくりはできません。

発言場面をどのように保障するのか、担任として意識して学ぶ必要があります。

当番、係活動は全員活躍

掃除や給食準備の当番は、活動内容が明確で、活動量も公平に割り振られているため、全員が活躍できる場になっています。ところが問題は、その他の学級当番です。当番活動の内容によって活躍の機会に不公平が生じてしまいます。そこで、「朝挨拶当番」「授業挨拶当番」「給食挨拶当番」と細かく役割を分ける工夫をし、一当番を一人が担当することで、全員が必ず活躍できる仕組みをつくりましょう。

子どもたちが自主的に行う「係活動」は、やり方によって、もっとも子どもが生き生きと活躍できる場です。係活動で子どもの活躍を保障するために重要なことは、子ども自らが「活躍したい」と思える活動内容を仕掛けてあげることです。最低でも一学期間のうちに、必ずすべての係にイベントや楽しい企画を主催させましょう。はじめのうちは、時間のやりくりや準備、進め方など、担任が教え導く必要があります。

ACTION!

活躍するチャンスは保障し、公平にあたえよう!

05

全員できるまで「巻き戻し」

真の意味で「厳しい指導」が必要

個々の子どもの成長のためには、クラス集団の質を高めることが重要です。向上心が高く、まとまりのあるクラスにするために、「できない」を「できる」に変え、「できる」の質をさらに磨き上げる厳しい指導が必要です。

「厳しい」とは、恐ろしい表情で罵声を浴びせるのではなく、教師の指導は穏やかで優しく見えても、子どもにとって厳しい指導が真に厳しい指導です。そして、真に厳しい指導とは、「巻き戻し」の指導です。

つまり、できるまで何度でもやり直しをさせる指導です。

「身につく」指導は、「自ら考えさせる」指導

反省させるためには、教師が説明するよりも、子ども自身が自分の不足を自覚することが不可欠です。「不足の自覚」こそが自己改善にはもっとも効果的です。「巻き戻し」の指導は、子どもができていなければ、「巻き戻し」「やり直し」と一言命じるだけが基本です。その一言で、ほぼすべての子が自身の不足を自覚し、反省せざるを得なくなります。また、「巻き戻し」の一言で、クラスが引き締まる雰囲気が漂います。

教師から「巻き戻し」を指示されると、「ゆっくりおしゃべりしながら集合してしまった」などと、自分の行動の反省点を自覚すると同時に、「駆け足で素早く集合しなければならない」と必要な改善点を子ども自身が考えることになります。教師からの指示命令よりも、自分自身で考えた改善策を遂行するほうが、自己改善力を確実に身につけるのに効果的です。「巻き戻し」の指導は、自ら考える力を育てます。

ACTION!

できるまで「巻き戻す」ことで、反省と改善を促そう！

STEP 3

06

礼儀作法を徹底的に

秩序あるクラスは平和なクラス

向上心が高く、子ども同士が仲のよいまとまりのあるクラスには、きまりを守ろうとする意識や友だちの気持ちを尊重する姿勢、教師を敬おうとする気持ちが身についています。このようなクラスの子は、明るく無邪気で知的好奇心も高く、関わっていて非常に心地よさを感じます。言葉づかいや態度に礼儀正しさを備えることは、前向きで仲のよいクラスの条件とも言えます。

挨拶・返事は「返す」を徹底

礼儀作法を指導することは、クラスに秩序をつくることであり、安定したクラスづくりの基本です。
礼儀作法の基本に、「挨拶」「返事」があります。挨拶と返事は、人間関係を築くための第一歩です。挨拶は自ら進んでできるようにするのが理想ですが、進んで挨拶ができる子は、そう多くはいません。
しかし、挨拶も返事も小学生のうちから「必ず返す」姿勢だけは身につけさせなくてはなりません。子どもが反応を返すまで、徹底して指導しましょう。

「教える者」と「教わる者」

近年、教師と子どもとの垣根が低くなり、教師に対して礼節を欠いた子どもの言葉づかいや態度が目立つようになってきました。小学生の対教師暴力は増加の一途をたどっています。授業や指導中は、相応の言葉づかいや態度で臨むように指導し、教師に対して失礼な態度は厳しく戒めることが重要です。子どもの将来のために、「教わる者」としての「教える者」に対する礼儀作法を教えなければなりません。

ACTION!

礼儀作法の指導を徹底して「秩序」を重んじるクラスにしよう！

STEP 3

07

すべての子どもに存在感と有用感を

すべての子に「居場所」をつくる

楽しく充実した学校生活を送るためには、クラスに自分の「居場所」があることは重要です。友だち関係を良好に築き、学習も順調に進めることのできる子であれば、自分自身で居場所をつくることは容易でしょう。しかし、なかには友だちと関わるのが苦手で消極的な性格のため、なかなかクラスに居場所をつくれない子もいます。すべての子の居場所を保障することができるのは、学級担任しかいません。

有用感をもたせる

人は誰でも、「誰かの役に立ちたい」「何かの役に立ちたい」という願いをもっています。自分が所属する集団の役に立つことで、自分の存在価値を確かめ、日々の生活に充実感を得ることができます。子どもも同じで、「クラスの役に立つ」「友だちの役に立つ」ことにより、クラスの一員として価値ある存在であると感じることができます。
クラス全員の子に、「クラスにとって必要な存在」であることを感じさせるためには、授業や係活動、当番活動などで一人ひとりが活躍できる機会をあたえていきます。

「いじめ」「不登校」は激減する

すべての子がクラスに自分の居場所があり、クラスにとって欠かせない存在であることを感じることができれば、学校生活は充実して楽しいものになります。当然、「学校に行きたくない」という子はいなくなっていきます。また、一人ひとりが満たされているため、いじめもなくなります。「自分はこのクラスの一員」「クラスで大切な役割を担っている」という意識の育みが、いじめや不登校を減らしていくのです。

ACTION!

授業や当番、係活動で居場所づくりをする！

STEP 3

08

気持ちを合わせる活動を

「みんな同じ気持ち」と分からせる

誰でも、気分がのらない日や憂鬱な時があるものです。しかし、子どもは、自分と同じような気持ちになっている友だちがいることに気付いていません。そこで、休み明けの朝の会やクラスが落ち込んだ雰囲気の時、「気分がのらない人は正直に手を挙げて」などと、問いかけてみます。すると、多くの手が挙がります。そこですかさず、「周りを見てごらん、みんな同じ気持ちだったんだね」と笑顔で返してあげましょう。

安心できるクラスに

友だちが自分と同じであることが分かると、安心した表情を見せます。

さまざまな機会を利用して、自分と同じく友だちも喜怒哀楽をもつ存在であることに気付かせていきましょう。友だちに対して優しい気持ちになれることはもちろん、本当の自分の姿を見せても大丈夫なのだと安心するようになります。それほど気をつかうことなく自分の好きなことができることが、気持ちを安定させ、友だち関係にストレスを感じることもなくなり、気負わずに良好な関係を築くことにつながります。

気持ち合わせのミニゲームを

先の「気持ちの確認」に加えて、授業の合間に、みんなで気持ちを合わせることができるミニゲームを取り入れることをおすすめします。例えば、リズムに合わせて手をたたいたり、歌をうたったり、どんなことでもクラス全員で一緒に楽しく活動することが、気持ち合わせのゲームになります。簡単にできるミニゲームのアイデアは、書籍やインターネット上にたくさん紹介されているので、ぜひ活用してみましょう。

ACTION!

ミニゲームで気持ちを合わせよう！

STEP 3

09

誰とでも活動させる機会を

縛られた関係を壊す

特定の友だちといつもべったりという関係の子を見かけることがあります。係活動も委員会活動も遊ぶのも、いつも同じ子とばかり活動していると、他の子との交流が妨げられ、自分が好きな時に好きなことをやることができなくなることもあります。仲よしの友だちがいるのはいいことですが、互いを束縛するような関係があれば壊し、縛り合う関係をつくらないようにできるのは、そばで見ている学級担任しかいません。

「誰と」ではなく、「何を」を大切にさせる

いつも同じ友だちとばかり活動することは、多くの友だちの考え方や感じ方などを

吸収する機会を失うことになります。小学生のうちは、さまざまな友だちと交流して、人間関係づくりの基礎や多様な考え方、新しい世界を知ることが大切です。

係や委員会、グループ活動などの多種多様な学習では、「誰と一緒にやるかではなく、自分が何をしたいか」を大切にして決めるように、機会あるごとに考えさせていきましょう。

意図的に交流させる

遠足や行事などでは、「好きな者同士」での活動は基本的に行いません。友だちとの交流も大切な学びの場ですから、教師が意図的にグループをつくったり、くじ引きなどで公平に組ませたりして、できるだけ多くの友だちと交流できる場をつくるのが担任の役割です。もしかすると、はじめのうちは抵抗する子もいるかもしれませんが、学級開きの段階から教師が決定していく習慣にすれば、それが普通になります。

ACTION!

担任が意図的にグループをつくり、多彩な交流をはかろう！

STEP 3

10

「本音」が飛び交う教室に

ありのままでいられるクラスを目指す

クラスが、自分のありのままの姿をさらけ出すことのできる場であれば、「学校がつらい」「学校に行きたくない」と言う子はまずいません。クラスにいると安心していられる。自分の本当の気持ちを、教師や友だちに伝えることができる。互いの考えを尊重した上で意見を戦わせることもできる。子どもの「本音」が飛び交うクラスは、友だち関係も教師と子どもとの関係も良好で、間違いなく向上心のあるクラスです。

「本気」が「本音」の元

子どもは、何かに本気になって夢中で取り組む時に、自分の本音を出します。本当の気持ちが分からなくては、友だちとどのように関わればいいのか分かりません。
最近は、子どもらしくない「気づかい」をする子が増えたように思います。互いに本音を見せずに、表面的にうまくいくことだけに気を配って友だちと関わる姿には、危うさを感じます。思いを相手に伝え合い、戦わせ、理解し合ったり落とし所を探ったりと、大切な学びの場として本音を出せるクラスづくりが必要です。

楽しさが「本音」を引き出す

学級担任は、子どもの「本音」を引き出すために、子どもが夢中になるような活動場面をつくり出すことが必要です。教育課程が変わり、時間的には厳しくなってきていますが、「総合的な学習」の時間や特別活動の時間を活用して、協力しながら自主的に取り組む学習活動を行わせていくことが大切です。また、子どもたちが夢中になる「お楽しみ会」などを企画運営させる機会も、できる限り設けていくことが大切です。

ACTION!

子ども同士が楽しめる企画づくりで本音を引き出す！

STEP 3

11 ケンカができる集団に

ケンカは学びの場

感情をぶつけ合うケンカは、人間関係が学べる大切な場です。自己主張が強い子どもたちが集うクラスでは、大なり小なりケンカが起きるのが正常な子どもの姿です。暴力行為は禁止ですが、些細な争いなどは、必要に応じて指導を行いながら、様子を見守らなくてはなりません。時には自我をぶつけ合うことで、子ども同士が互いを理解し合い、尊重し合う関係を育てていくことができるからです。

「自分の不足」を振り返り、認める力を

ケンカを「人間関係の学びの場」と考えて、指導を工夫することが教育です。教師

が仲裁役になり、「握手して互いに謝罪」という指導は、絶対に行ってはいけません。冷静さを取り戻した頃を見計らい、「自分のどのような行いが相手を怒らせたか？」「今後、どうすべきか？」と問いかけて、子ども自身に改善点を見出させるように導くことで、相手の気持ちの理解も、解決する力も身につけることができるのです。

ケンカが「いじめ」を防ぐ

経験の浅い学級担任にとって「いじめ」は荷の重い問題です。精神的・肉体的に追い詰められるほど深刻ないじめが起きるのは、日頃から子どもが本音でぶつかり合い、解決する経験が少ないことにも原因があります。

些細なケンカができるクラスの子どもたちは、互いの思いをぶつけ合いながら、その都度「悩み、理解し、譲る」力を学んでいきます。お互いが感情を押し殺すことなく、納得のいくケンカをさせ、陰湿な方向に導かないようにしていきます。

ACTION!

ケンカは大切な学びの場であることを常に念頭に置く！

STEP 3

12

規律の徹底がクラスを守る

「蟻の一穴」を防ぐ

規律破りに対して、「些細なことだから」と放置しておくのは危険です。「先生は、どこまで許してくれるだろう？」と子どもは教師を試しています。そんな意識がない子でも、「見逃し」を経験すると、徐々に大きな規律違反をするようになってしまいます。規律違反をする子が増えていくと、クラス全体が乱れてしまいます。「きまりは守るもの」と徹底する意識が、クラスが大きく乱れるのを防ぐことになります。

「規律破り」は小さいうちに潰す

はじめのうちは、「少しだけ」とドキドキしながら犯した規律破りも、回数を重ねるうちに、そうすることに慣れてしまうものです。「慣れ」が子どもの行動を大胆にしていきます。それを防ぐためにも、規律破りは初期段階で潰さなくては、立て直す労力は拡大し、取り返しのつかないレベルになってしまいます。最初のうちは、少したしなめる程度でも十分効果はあります。きまりを守らない行いには、必ず「それは正しいこと？」「おかしいよね」などと必ず声をかけ、子どもの行為をいさめましょう。

公平を保障する

規律の徹底が崩れると、必ず不公平が生じます。「チャイムで行動」というきまりを徹底することができなければ、真面目に守っている子が、きまりを守らない子のために、貴重な時間を浪費することになってしまいます。掃除さぼりが横行すれば、真面目な子の労力が増大します。クラスの公平・平等を保障するためにも、あらゆる場面で教師は子どもたちを見守らなければなりません。

ACTION!

規律破りは徹底して指導しよう！

STEP 3

13

「ひとりぼっち」をつくらない

場の「空気」を敏感に読み取る

休み時間に友だちから誘われることの少ない子。グループづくりで最後まで一人残ってしまい苦労する子。授業で発言すると周囲の反応が冷ややかになってしまう子。学校生活のさまざまな場面での子どもたちの様子から、「ひとりぼっち」になりがちな子を発見することがあります。子どもの様子や雰囲気から、子ども同士の関係の微妙な課題を感じ取る力は学級担任に必要なスキルの一つです。

教師が仕掛けて指導する

ひとりぼっちになりがちな子がいるという状況に、改善の意欲がもてなければ、学級担任としては失格です。そこで、クラスが抱える課題を明白にした上で、子どもたちに考えさせる指導を継続します。

例えば、グループづくりを命じると、同じ子が最後までグループに入れないという事実をクラス全員に突きつけ、考えさせるのです。時間をかけてでも繰り返し指導する粘り強さも、学級担任として忘れてはなりません。

教師が「つなぎ役」になる

担任自身が、一人になりがちな子との関わりを意図的に多くして、休み時間も一緒に遊ぶようにします。すると、他の子が近寄ってくる確率が高くなります。そこで一緒に会話したり遊んだりすることで、一人になりがちな子と他の子どもとの関わりをつくることができます。教師が「つなぎ役」になるためには、頼りになるリーダーであり、多くのクラスの子から信頼される存在になっていることが必須条件です。

ACTION!

「ひとりぼっち」は教師の責任。積極的につないでいこう！

STEP 3

14

クラス全員の長所に目を向ける

「叱り」はあっさり、「ほめ」はしっかり

子どもの成長のために、「叱り」と「ほめ」の双方が必要不可欠です。また、そのやり方を使い分けることで、より効果は発揮されていきます。「叱り」はあっさりと簡潔であることが基本です。しつこく叱ると、指導を拒絶され、子どもが反発を起こす危険が高くなります。反対に、「ほめ」はしっかり行うようにしましょう。

「当たり前」の言動に感心を

クラスと子どもをプラス評価することで、クラスや子どもに対する愛情が高まり、自ずと子どものほうも担任をプラス評価することになります。プラス評価する力を高

めるためには、子どもの言動を「当たり前」ではなく「賞賛に値する」ととらえるように心がけましょう。本当に賞賛すべきことであれば、ほめ過ぎということはありません。「座っていることはすばらしい」「登校してくれてありがたい」と思うことができるよう、子どものとらえ方の訓練を日頃から重ねていきましょう。

「苦手な子」こそプラスの目で

教師も人間です。クラスには気の合う子もいれば、苦手な子もいるはずです。それは当然のことなので、卑下する必要はありません。しかし、苦手意識はマイナス評価を招き、その子との関係もぎくしゃくしてしまいます。そうならないよう、「苦手な子」こそプラス評価で見る努力が必要です。

長所を見つける心がけが、苦手意識の払拭へとつながり、教師に必要な「子どもに対する平等・公平さ」を高めてくれます。

ACTION!

とことん「プラス評価」する!

15

クラスをまとめる「核」になる

最終決定は担任の責務

小学生の時期は自己中心的で、自分に都合よく物事を考えがちなものです。このような子どもたちが集まるクラスをまとめるためには、「核」になる存在が必要であり、学級担任こそがクラスをまとめ、牽引する「核」であらねばなりません。たとえ子どもの意に沿わなくても、担任が総合的に判断して「否」の決断を下さなくてはならないこともあります。子どもにとって何が最善かを考え、決定するのは担任の責務です。

担任のもとで子どもは平等

クラスの中で、子どもたちが対等で平等な関係を築けてはじめて、協調や協力することができる「まとまりのあるクラス」に育っていきます。放任しておけば、子どもの中に「上下」や「強弱」の序列が生まれるのが道理です。

子ども同士が対等な関係を築くためには、立場の弱い子の気持ちをクラス全体に理解させ、互いを尊重するように導く存在が必要です。その存在は、どの子をも圧倒する存在でなければ、すべての子どもの対等と平等を守ることはできません。

雰囲気を変えるオーラを

クラスをまとめるためには、教室に引き締まった雰囲気をつくり出したり、高揚感を高めるために盛り上げたりして、「クラスの空気」を変える技術が必要です。必要に応じて、ふざける者は容赦しないくらいの気迫で子どもの前に立ち、ある時は、子ども以上に楽しく振舞う姿を見せましょう。日頃から、教室の「空気を変える」ことも意識して子どもの前に立たなければなりません。

ACTION!

子どものリーダーである自覚を強くもとう！

COLUMN 3

学級担任力をつける演習問題❸

自分勝手な行動でクラスに迷惑をかける子の指導はどうすればいいでしょうか？

自己中心的な行動で、他の子に迷惑をかけたりクラスの輪を乱したりする子が増えてきました。当番活動に真面目に取り組めない子が多く、集合や整列にも時間がかかり、クラスにまとまりが見られません。どうすればいいのでしょうか。

ヒント！

- ☑ 些細な言い争いやケンカなどは、見守ることも必要です。問題が起きないようにと教師が介入することで、大切な友だち関係の学びの場を奪うことになります。
- ☑ ルール違反や他の子の迷惑になる言動を見逃さず、必ずクラス全員で再確認しながら指導することで、集団規律を徹底することが大切です。
- ☑ まとまりのあるクラスにするためには、子どもの「クラス愛」を高める必要があります。当番・係活動ですべての子に活躍の機会をつくる工夫に努めます。

！対策例！

まとまりのあるクラスは、互いに注意し合って正しい行動ができるように、子どもたちが心がけています。集合や整列を例にとっても、まとまりのあるクラスは、教師がその場にいなくても、自分たちで声をかけ合って、素早く集合し、整列することができます。反対に、まとまりのないクラスは、教師がその場で指導しているにもかかわらず、ダラダラと集まり、なかなか整列することができません。自分の行動が、クラスに迷惑をかけることを、何とも感じていません。

これは、自分のクラスに対する愛着が少ないことに、原因があります。クラスの規律を乱すような言動をする子がいたら、「○○さんのやっていることは正しいことだろうか？」などと問いかけ、クラスの問題として全員に考えさせるような指導が重要です。クラス全員を意識して指導することで、他の子に集団規律の大切さを考えさせることになり、迷惑な言動をした子に対しても、取り立てて個別指導をしなくても、十分反省を促すことになります。

STEP 4

授業づくりで子どもの心をわしづかみ！

絶対はずせない 授業スキル

STEP 4

01

指示・説明は簡潔明瞭に

「理解度」はクラスの「落ち着き度」

教師が何を言っているのか理解できないまま授業が進むと、姿勢が乱れていくなどクラスがそわそわし始め、ひどい時は立ち歩きが始まります。いかに子どもに理解しやすく、テンポのある飽きのこない言葉を投げかけるかが重要かということです。「これで理解できるだろうか」と常にクラスの実態を思い浮かべながら、発問や指示を出すように心がけ、子どもにとって「分かりやすい」授業を心がけましょう。

理解しやすい言葉を精選

小学生の語彙力は、到底教師に及びません。教師が何げなく使っている言葉が、子どもには通じないことがよくあります。ですから、教師は、子どもが理解しやすい言葉を精選して、授業を進める必要があります。

例えば、「製作」は「物を作る」、「絶滅危惧種」は「地球からいなくなる危険性が高い生き物」などというように、学年やクラスの子どもたちの実態を考えて、用いる言葉を精選することが重要です。

簡潔・明瞭・テンポ

授業中に発する教師の言葉を注意深く聞き取ろうとしている子でも、教師の意図を確実に理解できない子もいます。「教科書12ページを開け」「第二段落を探せ」「声を出して読め」などと無駄な言葉を徹底的にそぎ落とすことで、意図が明確に伝わり、また、心地よいテンポも生まれます。特に授業中に発する指示や発問は、簡潔かつ明瞭を心がけることで、学習が引き締まり、子どもの意欲や理解も高くなります。

ACTION!

簡潔かつ明瞭な言葉でテンポよく授業を進める!

STEP 4

02

余計な指導は控える

「自分で学ぶ」機会を奪わない

間違った子どもには懇切丁寧に教え込もうとしていませんか。もちろん、これは、担任として子どもに対する思いの強さや責任感からくる行為です。しかし、子どもが自分で間違いに気付き、正しく学び直すためには、丁寧な説明よりも、「やり直し」と一言指示するほうが効果的な場合があります。余計な説明が、子どもの学力向上を阻害することを、心しておかなければなりません。

「説明なし」は挑戦意欲をかき立てる

間違いをした子は、「なぜ、間違えたか……」と悔しい思いを抱えているものです。

同時に、「必ずできるようになりたい」と意欲を燃やしています。そこに教師の説明が入れば、途端に意欲をそいでしまうことがあります。

自分で間違いを見つけるチャンスも、自分の力で解決する機会も、結果的にすべて教師が奪うことになってしまうのです。根本から理解できていない子は別として、求められない限りは説明をしないのが基本です。子ども自身の力で取り組ませることで、挑戦意欲をかき立てましょう。

長い説明がクラスを乱す

教師の長々とした説明は、多くの子の集中力をそぎ、クラスに落ち着きのない雰囲気をつくってしまいます。また、長時間の個別指導は、他の子をないがしろにすることになり、おしゃべりや立ち歩きを誘発します。全体にも、個別にも、教師の長い説明は、授業に飽きを生じさせ、クラスを乱す原因になることを忘れてはいけません。

ACTION!

活気ある授業につなげるために、不要な説明はとことん省く！

STEP 4 03

作業は全員そろってスタート

一斉スタートが集中力を保つ

一斉に何かを始めようとすれば、クラス全員の意識を集中させなくてはなりません。ノートに問題を解く、本を読む、考えをまとめるなど、授業は学習作業の連続ですが、作業ごとに全員そろってスタートすることが大切です。その度に、クラス全員がスタートの合図を待つために集中します。授業中に「よーい、ドン！」の合図を取り入れることで、子どもの集中力を上げていきましょう。

一斉スタートが細やかさを保障する

多くの設問があるプリントなどは、始めから終わりまで一気に解き進めるのではなく、一つの設問につき制限時間を決め、次の設問から再度一斉スタートすることで、個々の理解度を確認したり、手立てを施したりすることが可能になります。また、クラス全体の集中力に注意を払うこともできます。

一斉スタートを意識して授業を進めることが、クラス全体はもちろん一人ひとりに対する細やかな配慮につながります。

まばらな開始は混乱を招く

学習作業を一斉に開始させることを意識せず、それぞれの子の進み具合に応じて作業を進めてしまうと、あちこちから、「どのようにやるのか」「やり方が分からない」などと、さまざまな質問や助言要請が出てきてしまいます。そして、その質問や助言の内容はバラバラであるため、子どもたちだけではなく教師も混乱し、丁寧な対応ができません。はたから見ると、まさに崩壊状態の授業になってしまいます。

ACTION!

混乱を防ぐために、学習作業はクラス全員そろって開始！

STEP 4

04

息を抜く時間を大切にする

「緊張」と「弛緩」を教える

小学生にとって、授業時間中、ずっと集中力を保つことは困難です。効率的に学習に取り組ませるためにも、緊張と弛緩の時間を意図的につくり出していきます。考えをまとめたり練習問題に取り組んだりする時は、制限時間を設けると、時間内に作業を終えようと集中力が生まれます。余った時間ができたら、少し息を抜いて待つようにさせます。毎日の繰り返しで集中の仕方と息の抜きどころを身につけさせるのです。

授業中のユーモアを大切に

笑いが一つもない時間は、たとえ真剣に学習していても、集中力が続かなくなってしまいます。子どもの発言には、微笑ましく思えるものや、思わず吹き出してしまうものが少なからずあります。そうした発言を取り上げてコメントしたり、楽しんだりすると、教師の姿につられて教室が明るく楽しい雰囲気に包まれます。

ユーモアを大切にしながら子どもの気分をラクにさせ、息抜きの時間をつくり出していきましょう。

「語り」や「掛け合い」を楽しむ

子どもの気持ちがのらないと感じた時や、集中して作業をした後には、学習に一段落つけて、教師の失敗談や思い出話などを語って聞かせることも効果的です。子どもとの「掛け合い」も、教室に一体感が湧き、息を抜くことのできる時間になります。

授業は45分間、真面目にわき目もふらず取り組まなければならないと、肩を張る必要はありません。まずは教師が授業を楽しむことが、子どもの集中力を高めます。

ACTION!

授業中、ずっと集中させることは不可能。息抜きの時間をつくろう!

STEP 4

05

スモールステップを意識して

段階的に学ばせる

一時限の学習のねらいを達成させるために、教師は子どもにさまざまな学習活動をさせていきます。子どもにとって、新しいことを学ぶのは楽しい反面、分かりづらく困難を感じることもあります。例えば、わり算を習得させるために、かけ算の復習を確実になるまで行います。ねらいまで一気に到達させるのではなく、一つひとつ段階的に目標を決めながら進めていくことが、確実な習得とねらいの達成を実現させます。

学年が下がるほど細分化

子どもに学習作業をさせる時、例えば、「主人公の気持ちを考えよ」というような大まかな指示や発問では、何をどう取り組めばいいのか混乱してしまう子がいます。特に低学年では、丁寧に細かく指示する必要があります。「教科書を開いて」「読んで」「主人公は何をした?」などというように、できるだけ具体的に何をすればいいかが、どの子にも分かるように、指示や発問を細かく分けて出す必要があります。

「一時一事」を厳守

前述したように、生活指導でも授業でも一度の指示で一つのことをさせるのが大原則です。一回の指示や発問の中にいくつもの内容が含まれていては、子どもは混乱してしまい、結局何も考えられないという状況になってしまいます。

子どもが迷ったり混乱したりするのは、教師の指示・発問に問題があると考え、学習作業の指示や発問の出し方は「一時一事」の原則にのっとっているかどうかは常に確認しましょう。

ACTION!

目標到達までの過程を細分化する工夫をしよう!

STEP 4

06

「分からない子」「できない子」に注目

「分かる人？」は傍観者を生む

授業で子どもに発問をした後、「分かる人？」と尋ねる教師をよく見かけます。「分かる人？」という尋ね方は、「分かった子」だけを意識して授業を進めることになり、「分からない子」は、そのまま放っておかれることになりかねません。また、分からない子が、どのくらいいるのかも把握することはできないでしょう。このような授業が続けば、「私には無関係」といった授業に参加しない傍観者を増やしてしまいます。

「できた人？」は遅い子を放置する

学習作業を指示して、「できた人？」と尋ねるやり方も、「できない子」をそのまま放置してしまう危険性があります。子どもの能力や理解、経験値はさまざまですから、懸命に取り組んでも、仕上がりが遅くなる子は必ずいます。たとえ作業を終えていなくても、「まだ、できていない子?」と尋ね、わずか1分間でも延長してあげるような配慮があれば、子どもの取り組み意欲が衰えることはありません。

既存のやり方を疑う

「分かる人?」「できた人?」という尋ね方は、昔からごく一般的に行われてきたやり方です。しかし、このように慣例として続けられてきたやり方に問題がないとは限りません。大切なのは、本当にクラス全員の学力を向上することができる方法なのか否かということです。計算や漢字練習の教え方、指示・発問の仕方、学習点検法など、もう一度クラスの実態を見た上で、「このやり方でいいのだろうか?」と疑ってみて、自分自身の頭で考えながら見直すべきところを変えることが大切です。

ACTION!

既存のやり方は一度疑ってみよう!

STEP 4

07

丁寧さを一番に

「雑」は学力低下の元凶

学力が伸びる子は、基本的に物事に丁寧に取り組む子です。丁寧に取り組む子には、粘り強く努力する力が身につきます。その姿勢は、「文字」に表れます。一方、雑な文字を書く子は、理解力は早くても、思い違いやミスが多くなり、粘り強さに欠けます。

丁寧に努力を重ねるクラスに育てあげるためにも、「雑」を許さない指導に取り組みましょう。

「雑な文字」には無反応で

ノートを点検する時、雑な文字の子には、「やり直し」と一言伝えてノートを返すようにします。雑に書かれたノートは、点検するまでもないという態度で臨むのです。また、テストは書き直しを命じにくいので、氏名だけ書かせたら、そこで点検し、丁寧に書いていない子には書き直しをさせます。

日頃から学級通信や保護者会で、あまりに雑なテストは減点することを伝えておき、家庭とも協力して指導しましょう。

最高に丁寧な文字基準で

教師が「雑」だと指摘しても、「丁寧に書いたのに……」と言い訳をする子が必ずいます。そこで、年度始めに「人生で最高に丁寧な文字で名前を書く」ことを指示しましょう。できた作品を手元に保管させておき、教師の「雑」判定に不満を述べた時に使用するのです。「人生最高の文字」と比較して、明らかに雑な文字だと認めざるを得ないため、丁寧な文字で書かなくてはならないと指導に納得させることができます。

ACTION!

文字を丁寧に書く指導から雑な態度を戒めよう！

STEP 4

08

「考え」は必ず書かせる

考える機会を全員に保障する

発問に対して「考えなさい」という指示で、クラス全員の子が真剣に考えるかと問われれば、「イエス」と胸を張ることのできる教師は、そう多くはいないのではないでしょうか。意欲的で理解力のある子は真剣に考えますが、なかには考えるふりをして、ただ時間が過ぎるのを待っている子もいるはずです。それでは、すべての子の考える機会が保障される授業とは言えません。

書かせることが「荒れ」を防ぐ

子どもに真剣に考えさせるために、考えは必ず文字にしてノートに記録させるようにしましょう。

「考えなさい」という指示だけで発表を求める進め方は、最悪の方法と言わざるを得ません。理解力の早い子だけが、授業を進めることになるからです。

他のほとんどの子にとっては、考える時間もあたえられず、理解不能なままどんどん授業が進んでいくことになります。そのような授業が毎時間繰り返されたとすれば、授業に参加しようとしない子が増え、クラスが徐々に荒れていくことは火を見るよりも明らかです。

考えを書くことによって、自ずと真剣に考えざるを得ない状況に置かれます。また、自分の考えを整理する力が身につくのはもちろん、発表するとなれば、「右と同じ」などと適当に言い逃れることも不可能になります。

つまり、文字にすれば、明らかに「自分が書いた自分の意見」という自覚と責任を負うことになるのです。ノートに文字で残すことは、クラス全員の授業に対する真剣な心構えを着実に高めていきます。


ACTION!

子どもの考えは、ノートに書き残させる！

09 明確に発言させる

授業は「公の場」という意識で

子どもとの距離感は、学級担任を何度も経験している教師にとっても難しいものです。馴れ合いの関係にならないよう、特に授業は「公の場」であることを意識させる必要があります。授業中における子どもの発表や教師の発言が、休み時間と同じような馴れ合いの言葉で進むことがないように注意しなければなりません。「息抜き」的な時間は別ですが、授業中の発言は敬語が基本です。

TPOに応じた声量を

学力形成の場としての授業では、「公の場での発言ルール」を学ばせることを忘れてはなりません。特に適度な緊張感をつくり出すためには、子どもたちに発言する時の声量も意識させます。友だちや教師の発言を静かに集中して聞くのは当然として、発言するほうも、教室という場に応じた声の大きさを意識しなければなりません。また、何を言っているのか、聞き取るのに苦労するような小さな声での発言はその都度指導していきます。

聞き取りやすい声量は、毎時間の授業の中でしっかり身につけさせます。

発言は短くスッパリ

声量と同様に、「簡潔な発言」も授業で学ばせたい力です。長々と的を射ない内容であっても指導せずに取り上げ続ければ、授業がつまらなくなります。

「言いたいことだけを短く」と、常に簡潔な発言ができることが大切であることを教え、短く分かりやすい発言を指導していきましょう。

ACTION!

適度な声量や簡潔な発言の指導で授業を引き締める!

STEP 4

10

時間通りにスタートする

待つことは「遅れ」の容認

授業開始に遅刻する子がいたら、全員そろうまで待って授業をスタートする教室を見かけることがあります。しかし、その待ち時間は、時間通りに席に着いている子の学習時間を奪うことになります。遅刻した子を指導するともなれば、真面目に授業を受けようとしている子にとっては、さらに時間を浪費することになります。チャイムが鳴ったら、授業を開始するのが基本です。

「遅刻はダメ」意識が授業を守る

遊びに夢中になり、遅れて教室に入ろうとした時、すでに授業が始まっていたら、遅れた子は何を感じるでしょうか。クラスの他の友だちが集中して学習している姿には、非常に入りづらさを感じるはずです。そして、取り立てて指導しなくても十分に反省し、「遅刻は恥ずかしい」と時間を守るようになっていきます。時間を守る意識は、他のさまざまな授業規律を守る意識につながり、授業の乱れを防ぎます。

全員そろうまでの配慮を

時には、委員会や係活動などの事情で授業に遅れる場合もあります。たとえ遊びで遅れたとしても、その子たちの学力は必ず何らかのかたちで保障しなくてはなりません。

全員そろっていない時は、新しい学習内容を進めたり、重要ポイントの学習を行ったりするのは控えるべきです。前時の復習や漢字・計算練習、音読など、遅れた子が途中でしか参加できなくても支障のない学習を行うように配慮しましょう。

ACTION!

時間を守る子を大切にすることが、授業の乱れを防ぐ!

STEP 4

11

チャイムが鳴ったらスパっと終わる

「時間外」授業は身につかない

授業は開始だけではなく、終了に対しても、時間厳守を意識しておかなくてはなりません。常々、教師は子どもに対して、「時間を大切に」「時間を守れ」と口を酸っぱくして指導しているものですが、なぜか授業時間に関しては、「延長してもしかたない」「必要なら延長は当たり前」という考えになってしまいがちです。

しかし、授業時間も休み時間も、貴重な時間であることに変わりはありません。時間を大切にする心がけを教師が率先して見せるためにも、授業終了時刻をきちんと守ることが必要です。

教師は、「あともう少しだけ必要」という思いから、授業を延長しがちです。しかし、子どもからすれば、「チャイムが鳴ったのに、早く終わってよ」という気持ちだけが心を支配しています。

そのような状態では、せっかく延長してまで行った授業が、子どもの学力向上に有効かどうか、はなはだ疑わしいと言わざるを得ません。終了のチャイムによって、集中力は途切れ、意欲も喪失してしまうと考えるのが妥当です。

不満と不信感を防ぐ

子どもにとって授業時間の延長は、「教師の勝手」以外の何ものでもありません。貴重な休み時間を削る教師の横暴な行いとなり、時間を守らない間違ったこととして映るはずです。

終了のチャイムが鳴った後でも教師が授業を続けることが常習的になってくると、教師に対する大きな不満と不信につながる危険があります。

ACTION!

時間通りに授業を終了することが、子どもの不満と不信感を防ぐ！

STEP 4

12

ことあるごとに意識を向けさせる

ひと作業ごとに全員注目

45分間の授業の中で、学習に集中する時間をできる限り増やすことが、学習意欲を高め、学習の質を高めることにつながります。子どもの集中力は、大人が思う以上に長続きしません。特に学年が下になるにつれて、集中することのできる時間は短くなっていきます。一つの作業が一段落したら作業を止めて、全員教師に注目させるようにしましょう。

重要な指示の前には全員注目

また、授業の中では、学習の大切なポイントや作業を行うための説明・指示、学習規律に関わる指導など、全員の子に漏れ落ちることなく伝え、理解させておかなくてはならない場面があります。その時には、必ず、すべての子どもたちの活動を中断させ、教師に注目させる必要があります。全員の子に教師と目を合わせ、聞く姿勢がつくられるまで、指示や説明を発することのないよう、まずは注目させましょう。

集中が途切れたら全員注目

話し合い活動やグループ活動でも、おしゃべりをする子が増えたり、無駄に立ち歩いたりする子が出てきたりすることがあります。クラス全体の集中力が切れてきたら、すぐに活動を中断させます。いったん教師に注目させることで、子どもの状態を確認したり、息抜きをさせたり、意欲を高める言葉がけをしたりする時間をもつことができます。さらに、苦言を呈したり厳しく指導したりするためではなく、何を学習するのかを全員で再度確認して、気持ちをリセットさせる効果があります。

ACTION!

集中が切れないよう、こまめに全員を注目させよう！

STEP 4

13

没頭する時間をつくる

没頭する心地よさを

子どもは楽しいことには夢中になり、その活動に没頭するものです。周囲から意識を遮断し、一心不乱に何かに集中する時間は、充実した心地よさがあります。そうした特性を活用して、漢字の書き取りや計算練習などはやり方を工夫し、子どもが集中して取り組み、没頭する学習にしていきましょう。授業の中で、子どもが夢中になれる時間を保障してあげれば、それだけで学習意欲をぐんと引き出すことができます。

挑戦意欲を高める

没頭する学習を提供するためには、「やってみたい」「挑戦したい」と、子どもに思わせる工夫が必要です。例えば、少し前に流行した「百ます計算」は、子どもの挑戦意欲を湧き立たせ、没頭して活動できる格好の例として挙げられるでしょう。他にも、「名文の暗唱」や「漢字パズル」など、子どもの挑戦意欲を高めます。努力が目に見えるかたちで表れたり、子ども自身が力がついたと実感できたりする教材を、まずは教師自身が学ぶことが、授業力もクラスをまとめる力も身につけることになります。

制限をかける

制限をかけることも、子どもを没頭させ、挑戦意欲を高める要素になります。例えば、「1分間の制限時間」「週に一度だけのチャレンジ」などというように制限することが重要で、「いつでも・どこでも・どれだけでも」では、子どもは真剣に挑戦しません。

制限があるからこそ、その瞬間を大切にし、集中することが可能になります。時間制限をかけて取り組む簡単な活動を提供するように工夫していきましょう。

ACTION!
自然に没頭できる活動を工夫しよう!

STEP 4

14

意見交流の場をつくる

意見交流でクラス診断

授業で意見が飛び交うクラスは、落ち着きがあり、友だち関係にも大きな問題がないといっても過言ではありません。つまり、自分の意見を忌憚なく発言することができるということは、周囲の友だちからどう思われるのかという不安がない証拠です。発言する側も聞く側もお互いの考えを尊重し、日頃の友だち関係に不安やわだかまりがないからこそ意見交流を活発に行うことが可能になります。

発言を当たり前にする

クラスがどのような状態にあるかは、授業の中で意見交流がどの程度活発に行われているかで診断できます。ただし、友だち関係が良好でも、授業中の発言には多少なりとも躊躇する子はたくさんいます。

これは、発言することに慣れていないことが原因です。そこで、意見交流を活発にするための基礎となる「発言」に慣れさせていきましょう。すべての子に、どんどん発表させる機会をつくることが必要です。教師が意図的に発表の機会を増やすことで、いつの間にか「発表するのが当たり前」という意識に変わります。

教師が「つなぎ」役を

何の指導もなしに、子どもから進んで意見を出し合うことはなかなかありません。友だちの意見に賛成か反対か、自分の立場を決めさせたり、自分の考えをノートにまとめさせたりなど、意見交流に必要なスキルを教え、高めていくのは教師の仕事です。

例えば、子どものノートを見た上で意図的に指名し、意見交流を仕掛けるなど、子どもが意見交流をするための働きかけや指導が必要不可欠です。

ACTION!

ノートチェックで発言を引き出す！

STEP 4

15

反応する力を育てる

当事者意識をもたせる

授業において、クラス全員に対して語りかけたり問いかけたりする場面があります。その教師の問いかけに対して、自分には無関係とばかりに、何の反応もしない子が少なからずいます。もしかすると、ほとんどの子が、何の反応も返さないクラスもあるかもしれません。教師が全体に対して行う語りかけや問いかけに対して、すべての子が当事者意識をもっていれば、クラス全体の学力は向上していきます。

言葉で返させる

話しかけられたり問いかけられたりした時、一般的でもっとも確実な反応は、「声に出す」ことでしょう。全員が当事者だという意識があれば、返事で返すのは当然です。時には、「返事がありませんよ」と軽くたしなめて、声に出して反応するように指導しましょう。また、個別への問いかけに対しては、必ず返事をする指導が大切です。指名したら返事をさせる、また、「分かりません」「もう一度お願いします」などと必ず言葉で返事をさせる指導を繰り返し行いましょう。

動作で返させる

全体に対しての教師の話しかけや問いかけに、どうしても返事を返すことができない子もいます。だからと言って、無反応を許してはいけません。声で返事ができなくても、首を横に振ったり、頷く動作で反応を表現することは可能です。

話しかけや問いかけには、些細な動作でも、必ず反応を返すように根気よく指導します。

ACTION!

言葉でも動作でも、とにかく反応させよう！

COLUMN 4

学級担任力をつける演習問題❹

授業に本気で参加しない子が多いです。どのようにすれば盛り上がるでしょうか？

一部のやる気のある子は、熱心に話を聞き、意欲的に手を挙げて発表してくれるのですが、多くの子が学習意欲に乏しく、全体的に授業に盛り上がりに欠けます。どうすれば、全員が意欲的に参加し、盛り上がりのある授業になるのでしょうか。

ヒント！

☑ 考えさせるだけでは、考えるふりをして頭を働かすのをさぼる子が出てきます。考えさせる時は、必ず文字に書いて残すように指導しましょう。

☑ 返事をしたり首を振ったりして自分の意思を示すことで、参加意識が高まり、授業参加への意欲が高まります。

☑ 手を挙げるのは、意欲のある子や理解の早い子だけです。子どもの挙手を中心に授業を進めると、他の多くの子が考え発表する機会を奪うことになります。

！対策例！

授業は、全員参加が大原則です。「参加」とは、ただ教室で座っていることではなく、授業内容を理解するために、教師の言葉にしっかり耳を傾け、頭を働かせて考え、教師の指示通りに作業をして学力形成に努めることです。

全員参加を促すためには、教師は授業者として最低限の技術を身につけておかなくてはなりません。子どもを授業に参加させるための技術を身につけておかなくては、クラスのほとんどの子が、参加を装う「参加偽装」の状態で時間を過ごすことになります。参加偽装を防ぐために、一般的に行われている授業の進め方を疑うことも必要になります。例えば、「分かる人？」と挙手を求める方法は、意欲的で理解の早い一部の子を除いて、多くの子の学習機会を奪うことがあります。考える時間も発言のチャンスも奪われた子どもたちは、退屈な時間を過ごすことになります。そして、遂に退屈な参加偽装に耐えられなくなり、おしゃべりや立ち歩きなどの授業妨害が始まります。

そうならないために、「分かる人？」「できた人？」と問うのではなく、「分からない人？」「まだ、できていない人？」と問いかけ、すべての子が学習参加できる工夫を講じましょう。

STEP 5

不安・悩みのタネがすぐに吹き飛ぶ！

トラブル対応スキル

STEP 5

01 子どもに負けない気迫をもつ

譲れないことは絶対引かない

「ずるい言い訳を許さない」「他の子を傷つける行為は許さない」など、教師であれば、絶対に譲れない指導方針があるはずです。それを無視したり、逆らったりした子に対しては、絶対に指導を緩めないことが重要です。方法は穏やかであっても、子どもが反省の意思を見せるまでは指導をあきらめないことです。絶対に引かない姿勢が、「先生はここには厳しい」と子どもに教師の気迫を感じさせることになります。

精神的に「上」に立つ

学級担任は、クラスのリーダーとして精神的に子どもの上に立っていなくてはなりません。担任の指導に対する不満をぶつけてきたり、反発したりしても、感情的にならず、冷静な対応が必要です。不測の事態が起きても、動揺を悟られることのないようにしなければなりません。

決して、子どものレベルに下がって摩擦を起こすことのないように、「子どものすること」くらいと余裕をもって対応していくことが大切です。

嫌われることをおそれない

子どもの気持ちを第一に考えてショックをあたえないようにする教師が、子ども思いの教師とは限りません。時には、嫌われても疎まれても指導しなければならないこともあります。子どもに嫌われることをおそれていては、子どもに譲り、おもねることになってしまいます。それは、子どもから軽く見られることにつながり、学級経営に大きな支障をきたすことにつながってしまうと肝に銘じなければなりません。

ACTION!

クラスのリーダーとして、何があっても冷静に！

STEP 5

02

しつこく繰り返す

生徒指導は根競べ

1年生の子は6年間の、6年生の子は11年間の、それぞれの生活習慣を身につけて、今があります。例えば、挨拶ができない子は、その子が生活してきた時間だけ、「挨拶をしようとしない」習慣を染み込ませているのです。そう考えれば、目の前の子どもの不足を改善しようと指導するのですから、当然、それ相応の根気強さが必要になります。

挨拶一つをとっても、改善するのに時間と労力がかかるように、生徒指導はすべて子どもとの「根競べ」と心得て指導に臨みましょう。

多くの子どもが、今日できたと思っても、次の日には再び同じ過ちを繰り返してしまうことがあります。それが当然と考えなければなりません。だからこそ、あきらめずに、何度でも同じ指導を繰り返す必要があるのです。
子どもに、教師の指導が身につかないのは、指導力がないわけでも、ましてや情熱がないわけでもありません。それが普通なのだと肩の力を抜いて、あきらめずにしつこく指導する気持ちが大切です。

「あきらめない」は学級担任の資質

周囲に迷惑な行いを繰り返す子も、担任に反抗的な態度をとる子も、学級担任が関わりをあきらめなければ、必ず心を開いてくれます。これはきれいごとではなく、私の30年間の経験から明言できることです。
嫌われても避けられても、時に罵声を浴びせかけられても、あきらめずにしつこく指導を継続することで、担任の思いが子どもに届き、心を開くようになります。あきらめないことが、学級担任の大切な資質です。

ACTION!

子どもの過ちはすぐに改善されなくて当然。あきらめない指導を続けよう!

STEP 5

03

公平・平等の原則を守る

どの子にも同じ指導を

子どもによって指導方針を変えてはいけないことは、生徒指導の大原則です。A君に中止を指示して、B君に許可するというのでは、子どもが納得しないばかりか、周囲の子を混乱させてしまいます。場合によって、配慮が必要なことがあるかもしれませんが、指導方法は異なったとしても、必ず同じ方針で、必要なことは学校全体で統一して指導することが大切です。

公平・平等がクラスを守る

子どもは、ひいきに対してとても敏感です。特に学級担任に対しては、他の教師以上に公平と平等を求めているものです。同じことで指導する場合、明らかに指導の方法が異なっていると子どもに感じさせてしまえば、当人だけではなく、周囲の子どもにも不信感が生まれます。「さっきと言ってたこと違うよね」という学級担任に対する不信感は、クラス全体に波及していきます。

クラスの核であるリーダーとしての権威が揺らいでしまえば、些細な乱れでさえも収めることができなくなり、クラスが崩壊する要因になってしまいます。

些細なきまりは全員で確認

生徒指導上のきまりについて、個々の子どもから出された疑問は、どの子も抱く疑問ととらえなければなりません。例えば、「お守りの扱い」について、ある子から質問されたら、クラス全員が同じ疑問をもち、教師の回答を求めていると考えるべきです。「全員からの質問」と考えれば、質問に対して個別に回答するのではなく、クラス全体に対して回答し、全員で確認する機会にしていくことができます。

ACTION!

ぶれずに一貫したルールで指導に臨もう！

04 嘘は無駄と分からせる

人間は「保身」する存在

自分の立場が危うくなると、自分を守るために嘘をつくこともあるのは、子どもに限ったことではありません。子どもは素直で正直という一面と同時に、保身のためには嘘や裏切りを行う一面も備えています。その点をよく理解して子どもの前に立たなくては、子どもに翻弄されてしまい、子どもの向上的変容を促すという重要な役割が果たせなくなってしまいます。

自ら嘘と認めさせる

「宿題をやったけど、家に忘れた」「時間がなくて、拭き掃除ができなかった」などと、叱られるのを避けようとする子は、さまざまな言い訳でごまかそうとします。しかし、子どもの嘘を見逃すのは問題外ですが、「嘘をつくな」とダイレクトに指導するのも、問題です。「先生は信じてくれない」と、反対に教師としての姿勢を批判される危険もあります。例えば、「放課後、先生と忘れた宿題を取りに行こう」「周りの子に聞いてみよう」などとごまかせない状況をつくり、自ら嘘と認めさせる指導が必要です。

最後はほめて終わる配慮を

指導の過程で、自分の不足を認めるように指導され、時には謝罪も求められて、子どもは少なからずプライドを傷つけられることになります。もちろん、それは大切な学習なのですが、その場では自信を失い、自己嫌悪に陥るのが普通です。指導の最後は、結局は自分の非を認め、反省できたことをほめることを忘れないようにしましょう。担任からのほめの一言で、改善の意欲と自信も湧き、信頼感も増していきます。

ACTION!

子ども自ら嘘を認めたら、そのことをほめてあげよう！

STEP 5

05

自己改善力を育てる

振り返り指導を継続する

子どもたちの中には、友だちや周囲の環境のせいにする子が少なからずいます。このような子のトラブルで厄介なのが、自分の非を認めることができないことです。「あの子が悪い」「ここに物があるのがいけない」などと、トラブルの原因を周囲に押しつけ、自分の責任を逃れることに終始します。

しかし、トラブルには少なからず、当人の非があることは明らかですから、些細なことでも、自分の非を認めさせるように、日頃から根気よく指導することが必要です。

自分の非を認める訓練は、責任転嫁の激しい子だけに限らず、クラス全員に対して、日頃の学校生活の場で指導する必要があります。忘れ物をしたら、「なぜ忘れたか？」「誰が悪いのか？」「以後どう気を付けるか？」などと振り返らせながら自分自身で考えさせるようにしましょう。
自らを振り返らせ、トラブルの原因が明らかに自分にあることを納得させる指導を継続して行うことで、責任を自分に返す力は身につきます。

真の改善は「非を認めさせる」指導から

自己改善力を育てるためには、「圧力」による指導は絶対に避けなくてはなりません。その時は、教師の力で納得した「ふり」をし、反省した「ふり」もし、また、改善の「ふり」もしますが、所詮、教師の前でいい子ぶっているに過ぎません。怖い存在がいなくなればタガが外れて、指導前より悪い状態になる危険があります。
真の改善は、子どもが納得する指導から生まれます。

ACTION!

質の高いクラスを目指すため、子どもの自己改善力を育てる!

STEP 5

06

初期対応が9割

どんなトラブルも安易に考えない

子どものケガや友だち同士のトラブルは、最初の対応を間違えると、保護者を巻き込むまで大きくなってしまいます。そうならないためには、トラブルが起きた初期段階の対応を丁寧に行うことが重要です。

「些細なこと」「大したことはない」と安易に考えて、ろくに子どもの話も聞かず、そのまま放置したかたちで下校させると、子どもや保護者が、担任や学校の対応に不満をもつことは必定です。初期対応のまずさがきっかけで、大きなトラブルに発展させてはいけません。

クラスで起こるすべてのトラブルは、学級担任として可能な限り情報を把握しなければなりません。たとえわずかな傷や体調不良であっても、子どもがケガや体調不良に至った原因を把握し、状態を観察して子どもに気を配り、声かけをしてから下校させます。「ここまでやるの？」というくらい丁寧な対応を心がけるべきです。要は、「しっかり見てくれている」と、子どもと保護者に伝わることが重要です。

納得させて終わる

ケンカや友だちにケガをさせる行為、モノを壊す行為などは、大きなトラブルになる危険性があります。保護者に報告する前に、当人や周囲の子から聞き取りを行い、正確な事実確認を行って、指導内容と合わせて記録に残しておきましょう。

場合によっては、他の教師の協力を得ながら子どもに自分の非を認めさせ、指導に納得するよう導きます。正確な事実確認と子どもを納得させる指導が、後のトラブルを防ぎます。

ACTION!

子どもも保護者も納得できる対応に努めよう！

07 言い訳は聞き入れない

担任の権威を守る

失敗や過ちを指摘されたり指導されたりする時に、責任逃れをしようと言い訳をする子は少なくありません。高学年にもなれば、巧妙な語り口で言い逃れを試みる子もいます。ここで意識しなくてはならないのは、「言い逃れを許すことは、学級担任の権威失墜につながる」ということです。言い訳が通用すると感じれば、「先生をごまかすのは簡単」と、子どもは担任を軽く見るようになりかねません。

穏やかに責任を受け入れさせる

子どもの言っていることが言い訳がましいと感じても、「言い訳をするな」などと一喝して威圧するような指導は逆効果です。自分は悪くないと頑なになり、不信感と反抗心を抱かせてしまいます。言い訳の中にも一理あると考え、「嫌だったね」などとその子の気持ちに理解を示すことが大切です。その上で、「でも、この行いはどうだろう？」と穏やかな口調で自らの行為を振り返らせるようにしながら、責任や非を受け入れさせていきましょう。

友だちを意識させる

いくら指導しても言い訳を繰り返す子は、言い訳がどれほど自分の信頼を失う行為なのかを理解させる必要があります。言い訳により、他の子に責任が転嫁されることがよくあります。そのようなことが続けば、クラスの子から不信を買い、敬遠されるおそれがあります。「見ていた友だちが嘘を言っているのかな？」「友だちだけが悪いのかな？」などと、友だちを意識させて気付きを起こさせる指導が必要です。

ACTION!

理解を示しつつ、言い訳は許さない！

08 素直さと正直さを賞賛する

素直さを発掘する

子どもの素直さは、至るところに表れます。しかし、その素直さに気付き、取り上げて賞賛することができるか否かは、学級担任の心がけにかかっています。

例えば、姿勢を正すように指示すると、子どもたちは指示通りに姿勢を正すでしょう。指示通りに行動することは、じつは当たり前のことではなく、素直さの表れととらえるべきです。授業で「分かりません」と言えるのも素直な行いです。

寛容性が「素直」「正直」を守る

また、牛乳パックの洗い忘れや雑巾の置き忘れなど、誰が忘れたのかを尋ねた時、自主的に申告する子がすぐに現れるか否かで、クラスの素直度・正直度が分かります。「よく、正直に言ってくれたね」「覚えていてくれて助かるよ」と、正直に申告した行為を必ず賞賛することで、子どもは安心して自分の失敗を申告することができます。

このように、至るところにある「素直さ」を発掘し賞賛しましょう。素直で正直さを育てることの重要性を理解している教師は、些細な失敗や過ちには寛容です。

正直の大切さを伝える

ある程度の失敗は、正直に自分の非を認め、反省し、謝罪すれば、それほど厳しく指導する必要はありません。反対に、自分の非を認めた正直さは、賞賛すべき対象として、クラス全体の前でほめるようにします。そうすることで、失敗や過ちをした時に大切なのは、自分の非を正直に認めて謝ることだと気付かせることができます。卑しむべきは、失敗や過ちを犯すことではなく、嘘でごまかすことだと諭しましょう。

ACTION!

正直さや素直な行為をどんどん認めて賞賛する！

STEP 5

09

下校までの解決を目指す

気になる子はしっかり観察

ケガや友だちとのトラブルなどで、何らかの対応をしたり指導したりした子は、しばらくの間、様子を気にかけて観察していきましょう。ケガの手当てをして終わり、ケンカの仲裁をしてそれで終わり、というわけではありません。教師にとっては、その場の出来事でも、子どもにとっては身体の痛みが続いたり、関係が修復されるまでは友だちのことが気になったりしているものです。

こまめに観察していくことで、少しでも気になることがあれば、すぐに次の対応を考えることができます。

何らかのトラブルがあって対応した子に対しては、観察とともに「声かけ」をいつも以上に意識して行いましょう。「痛くない？」「元気になった？」「困っていることない？」などのさりげない言葉で十分です。この声かけによって、「先生は、自分を気にしてくれている」と、安心して一日を過ごすことができます。

意識的な声かけにより、子どもの気分が早く平常に戻り、時間とともにトラブルから意識が離れていきます。

笑顔で下校させる

教師に叱られたり、友だちとケンカをしたりすることで、子どもはたくさんのことを学びます。しかし、不安や不満を抱いたまま下校させては、担任のその子に対する手立てが不十分と考えなければなりません。

叱った後に期待の言葉をかけたり、納得させるケンカの指導をしたり、トラブル後の観察と指導で子どもの元気を取り戻させたりするなど、毎日、クラス全員の子が笑顔で下校することを目標にしていきましょう。


ACTION!

トラブルは即日解決を目指し、クラス全員を笑顔で下校させせよう！

STEP 5

10 事実確認のスキルを高める

同時に個別で聞き取る

大きなトラブルほど、子どもからの聞き取りが重要になります。当事者の子どもからの聞き取りは、同時進行で個別に行うのが鉄則です。また、聞き取り前には、トラブルに関する情報をすべての子に一切あたえないように配慮します。子ども同士が事前に口裏を合わせることを防ぐことで、混乱なく事実を明らかにすることが可能になります。

時間差で呼び出して聞き取らざるを得ない時も、口裏合わせができないように管理する教師を配置したり、別室で待たせたりして、慎重に進めることが重要です。

トラブルと関係のない児童からの情報は、客観的な信頼度の高いものになります。トラブルを直接見ていた児童がいないかどうかを調べ、情報をもっていそうな子がいれば、聞き取りをして事実確認を行うといいでしょう。

できる限り多くの子から聞き取ることで、より正確な情報を得ることにつなげていきます。

個々の記録を統合する

当事者からの聞き取りと、周囲の子からの聞き取りによって集められた記録を持ち寄り、それらを突き合わせながら、事実を確認していきます。事実確認のための聞き取り方に大きなミスがなければ、ほぼ確実に事実が浮き彫りになります。

もし、矛盾する点があれば、できる限り早く、再び当事者や周囲の子に確認する必要があります。事実確認を正確に行うためには、スピードも大切です。


ACTION!

トラブル拡大を防ぐために、正確な聞き取りをしよう！

STEP 5

11 冷却を待って指導する

感情的な時は受け入れ拒否

トラブルを起こして感情が爆発し、暴言を吐いたりモノに当たったりする子がいます。そのような時は、何を言っても周囲の言葉を受け入れることはありません。関われば関わるだけ、感情がますます高ぶり、さらに手の付けられない状態になってしまいます。感情を爆発させている子は、「受け入れ拒否」と考えて、本人や周囲の子の安全を確保した上で、落ち着きを取り戻すまでそっとしておきましょう。

つられて感情を乱さない

子どもの行動や暴言に対して、いさめたり指導したりしていると、教師も徐々に感情が高ぶってしまうことがあります。子どもの暴言に、教師らしからぬ言葉で怒りをぶつけたり、暴力的な子どもの行動を力づくで抑え込もうとしたりして、意図せずして体罰とも受け取られかねない行動をとる危険もあります。感情を爆発させた子に、教師自身もつられて感情を乱されないように、常に冷静に向き合う余裕が必要です。

冷静にして振り返らせる

どんなに感情を爆発させて暴れまわる子も、時間が経てば落ち着きを取り戻します。子どもが冷静に教師の指導に耳を傾けることができるようになった頃合いを見計らって、そこから指導するのが基本です。「君のここが悪い」などと抑え込むような指導ではなく、感情的になった原因や誤った行為などを振り返らせていくことがポイントです。無理に教師の指導を受け入れさせるのではなく、自分の行為を振り返らせながら反省を促すことで、子どもが素直に教師の指導を受け入れる姿勢に導きましょう。

ACTION!

感情を爆発させた子には、そっとして冷静さを取り戻させよう！

12 子どもの力を借りる

一般化して全体で指導

高学年にもなると、教師の指導を素直に受け入れない子や反抗的な態度をとる子がいます。指導を受け入れさせようと、やっきになって対応すれば、さらに反発して関係が悪化するおそれが大です。

子どもは学年が上がるにつれて、教師以上に友だちを気にするようになります。日頃から一対一での指導に難のある子がいたら、クラス全員の問題として取り上げます。例えば、反抗的な子への指導は、あっさりと声をかける程度に留めておき、指導をあきらめないという意思を伝えておきます。

指導内容のほとんどが、当人だけではなくクラス全員に必要なものです。そこで、場所や時刻などトラブルが特定できないようにして、「一般的な問題」として、「このような場合はどうすればいいか？」とクラス全員に問いかけ、考えさせるようにします。
その時、時折当人と目を合わせて、「あなたのことだよ」と暗に伝わるようにしていきます。

味方を増やす

規律を守るためには、クラスが規律を守る集団であることが必要不可欠です。個々のトラブルに対応する時、周囲の子が「先生が正しい」と思ってくれていれば、指導される当人も納得せざるを得ません。子どもたちの「正義感」「規律意識」を確認することで、クラスの友だちが教師と同じ思いであることに気付かせ、理解させるようにしましょう。「正しいことを正しい」と言えるクラスにするためには、常日頃から正義感に訴えることで子どもを味方にしていきましょう。

ACTION!

子どもの正義感に訴えて「味方をしてくれる子」を増やそう！

13 迷ったら応援要請

力を借りることは恥ではない

担任を任されると、「何でも自分一人でやらなくては」という意気込みからか、他の教師の力を借りることは恥という考えを抱いてしまう教師は意外と多いようです。

しかし、特に経験が未熟なうちは、同僚や先輩の力を借りなければ、学級担任の仕事を円滑に行えません。

分からないことや悩みが出るのは当然であり、素直に教えてもらいながら力を借りるのが、結果的にクラスのためになると考えましょう。力を借りることが恥なのではなく、現状をそのままにしておくことが恥ずかしいことなのです。

また、迷った時に、自分の勝手な考えで指導を進めてしまうと、学年の中で行う指導に一貫性を欠き、自分のクラスだけではなく、他のクラスにまで混乱を招く危険性があります。

例えば、持ち物や遊び、授業の進め方など、学年や学校で一貫性をもたせなければ、指導に支障をきたすようなトラブルに発展するおそれがあるのです。

積極的に指導を仰ぐ

子どもにどう指導すればいいか迷った時は、すぐに同僚や先輩に相談することが必要です。

子どもたちが下校した後、指導に不安が残っていたり、自信がもてないことがあったりすれば、積極的に学年主任や先輩教師に指導を仰ぐようにしましょう。豊富な経験と知識から学べることがたくさんあり、指導の中に大きなトラブルの種になるものを発見してくれ、その対応に力を貸してくれることでしょう。応援を要請することは、クラスと自分を守り、ひいては学級担任力を高めることにつながります。


ACTION!

迷って当然。自分とクラスのために積極的に力を借りる！

STEP 5

14

目立たない子を意識する

見落としを防ぐ

頻繁にトラブルを起こす子は、意識しなくても目が行き届きます。目立つ子の行為はすぐに気が付き、対応も初期段階で行うため、大きなトラブルに発展することは極めて少ないと言ってもいいでしょう。

しかし、指導することも少なく、クラスの中で目立たないことなどから、ほとんど意識が向かない子がいます。このような子にトラブルが見つかった時には、解決までに大きな労力を要する状態になっていることがあります。

じつは目立たない子こそ見落とさず、より意識して観察する必要があります。

意図的に関わる

大人しく目立たない子も、担任との関わりを欲しています。自分から積極的に関わりをもつことができない分、じつは他の子以上に担任からの働きかけを望んでいるかもしれません。そのまま何もなければ見落としてしまいがちな子や、積極的に教師に関わることをしない子には、教師から意図的に関わりをもつように努めましょう。

目立たない子こそ、クラスをいい方向に導く存在だと心得ておくことです。

学級担任として、クラス全員を等しく大切な存在に思うことは基本中の基本です。しかし、そうは理解していても、実際にすべての子を等しく意識できるようになるためには相応の努力が必要です。

子どもが下校した後、名簿を前にして全員の具体的な様子を思い出してみましょう。はじめのうちは、少なからず思い出せない子がいるはずです。全員の様子をすぐに思い浮かべることができるよう、毎日の訓練が必要です。

ACTION!

毎日、名簿でクラス全員の様子を振り返ろう!

STEP 5

15

何があってもあきらめない

反発されても関わり続ける

反抗的な態度でクラスを乱そうとする子もいます。教師の指導を受け入れず、時には指導するのに嫌気がさすこともあるでしょう。しかし、そこで、この子は捨てて置くと言わんばかりに関わりを避けたり、指導すべきことを見逃したりすることがあってはなりません。「ダメ」「止めなさい」の一言だけでも十分です。

方法はさまざまですが、反発されても、無視をされても、とにかくあきらめずに関わり続け、根気よく指導し続けることが大切です。あきらめることは、学級担任の責任を放棄することです。

絶対におもねらない

反発を敬遠する気持ちや子どもとの関係を悪くさせたくないという思いから、子どもの要求をまるごと受け入れたり、意見を譲ったりすることは絶対に避けなくてはなりません。子どもにおもねることは、教え導くという使命をあきらめることです。そして、担任としてもっとも大切な「統率権」を奪われたことに他なりません。子どもの向上的変容のために、規律あるクラスづくりのために、おもねることは厳禁です。

暴言を吐いても反抗的な態度をとっても、学級担任は子どもにとって大きな存在です。うっとうしいと思う反面、心の中では関わり続けてほしいと思っているはずです。子どもにとってもっともつらいことは、適当に受け流され、関わりを断たれることです。

私の実体験から得られたこととして、教師が気持ちを切らさず根気よく指導し続ければ、思いは必ず通じます。子どもを信じて、何があってもあきらめないでください。

ACTION!

子どもを信じて、あきらめずに真剣に関わり続ける!

COLUMN 5

学級担任力をつける演習問題❺

自分のクラスだけ頻繁にトラブルが続くのですが、どのような手立てを講じればいいでしょうか？

友だちへの暴力行為や器物損壊などに加え、ケガや登校渋りなどのトラブルが頻繁に発生するクラス。隣のクラスは落ち着いているのに、なぜ、自分のクラスにばかりトラブルが起こるのでしょう。

ヒント!

- ☑ トラブルは、些細なことでも、すぐに解決しなければなりません。初期対応の成否が、後の労力消耗の大小を決定します。
- ☑ 子どもの嘘や言い訳に振り回されず、冷静に徹底して指導する姿勢を見せることが、子どもの過ちを正します。
- ☑ 子どもは担任以上に友だちを意識しています。正義感を引き出しながら周囲の子を担任の味方につけて指導することも必要です。

！対策例！

話を聞く姿勢や授業態度に問題があるクラスは、生徒指導上のトラブルやケガなどが頻繁に起こります。「子どもの行為が軽微なうちに、教師が指導できない」ということが原因です。椅子の上に乗るのを見た瞬間に、たしなめる一言がないために、机やロッカーの上で遊んでケガをしてしまうのです。些細な行為を放置したために、大声で注意しても、子どもが聞き入れなくなってしまうのです。

トラブルにつながる危険性のある子どもの行為を、どれくらい早く発見して手を打つことができるかが、大きなトラブルを防ぐ鍵になります。そのためには、担任だけでは、到底目が行き届きません。クラスの子ども一人ひとりの、安全や規律に対する意識を高めることが大切です。「教室で走り回ると、どんな危険性があるか？」「友だちにケガをさせると、後でどうなるか？」などと、機会を見つけて、クラス全員の話し合いなどで子ども自身に考えさせるようにしましょう。

一人ひとりの子の自覚と、トラブルの元になる友だちの言動を抑止するクラスに育てることで、クラスは自然に落ち着き、トラブルも少なくなります。

STEP 6

ビクビクしない！　怖くない！

保護者対応スキル

STEP 6

01

元気で明るい姿を見せる

印象を大切にする

学級担任は毎日子どもの前に立ち、また、保護者の前で話す機会も少なくありません。もちろん見た目だけでは信頼できる教師か否かは決まりませんが、見た目でいい印象をもたれるに越したことはありません。暗くて覇気を感じない教師には、大切な我が子を預けることに保護者は不安を感じることでしょう。元気で明るい教師だと感じれば、「先生と楽しく勉強している」と安心してくれるはずです。

若さで経験不足を補う

残念なことに、最近の保護者は、新任はもちろんのこと若い学級担任を歓迎してくれることはあまりありません。経験が未熟なことから、授業や生徒指導に不安を感じるようです。しかし、子どもは若い教師が大好きです。たとえ保護者に「経験不足で心配」と思われても、自分の子が「楽しい」「先生大好き」と学校から帰って伝えるようになれば、保護者の不安も取り除かれます。

経験不足は、元気で明るく潑剌とした姿で補いましょう。

応援したいと思わせる

授業や生徒指導の経験が未熟でも、いつも元気で明るく子どもと学校生活をおくり、子どものために一生懸命にがんばる姿勢が伝われば、ある程度の不足には目をつぶってくれる保護者がほとんどです。いつも子どもと一緒に元気に走り回ったり、子どもに近い目線で明るく接しながら一生懸命取り組むことが大切です。その様子が伝われば、保護者からの応援が自然に増えていきます。

ACTION!

担任の仕事を明るく懸命に取り組んで、保護者に安心感をあたえよう！

STEP 6

02

子どものよさを伝える

親は担任の評価を意識する

保護者にとって、学級担任が自分の子どもにどのような印象をもっているか、どのように評価してくれているかは最大の関心事です。担任が自分の子を認め、よさを理解し、好感を抱いてくれていると感じれば、少々のことで担任の指導に不満や不信をもつことはありません。

反対に、担任が自分の子のよさを認めてくれないと感じれば、担任に対する見方が自ずと厳しくなります。

ある程度の人間関係が築かれ、保護者からの信頼が得られるまでは、子どもの長所だけを伝えるくらいがいいでしょう。「よさを理解している」と保護者に伝えるためにも、日頃から一人ひとりの子どもに対して丁寧に目を向ける心がけが必要です。

その際に大切なのは、子どもに対するプラスの感情が本心から湧き出ていることです。いくら長所を並べても、「セールストーク」「口がうまい」などと保護者にとらえられてしまえば何の意味もありません。まずは、子どもの長所を些細なものでも見出して、その子を好きになっていくことです。

関係が指導効果を上げる

「優しい子」「しっかりしている」などの抽象的な言い回しではなく、学校生活での具体的なエピソードを交えながら伝えることが大切です。具体的なエピソードによって、「先生は子どもをよく見てくれている」と、教師の「子どものよさを見る気持ち」に説得力が生じ、保護者との関係を良好に導きます。

保護者との良好な関係が築かれてはじめて、忌憚なく子どもの不足を伝えることも、改善のために協力を得ることも可能になります。

ACTION!

心から子どものよさを認め、好きになる！

STEP 6

03

些細なことも連絡を

丁寧さが信頼を得る

こまめに保護者と連絡をとることが、関係づくりにおいてもっとも効果的です。友だちとの些細なトラブルや学習の様子などで、少しでも気にかかることがあれば、一言でも連絡帳に書いたり、電話したりすることで、保護者は「担任は我が子を丁寧に見てくれている」と安心し、信頼するようになります。また、担任との距離を近く感じてもらえるように努め、日々の指導に理解と協力が得られるようにしましょう。

誤解やトラブルを未然に防ぐ

教師には些細と思うことが、保護者からすれば重大と受け取られる場合もあります。

わずかな誤解や認識の違いから大きなトラブルに発展することは少なくありません。

しかし、日頃からこまめに連絡することで、誤解を招くことも少なくなり、保護者との関係が築かれ、トラブルを防止することができます。そのためにも、一週間に一度は、全員の連絡帳に些細なことでも記録していくように心がけましょう。

よい行いこそ伝える

担任からの連絡が、大きなトラブルや重要な指導がある時だけというのでは、保護者は身構えてしまいます。連絡の内容がいつもトラブルや指導に関するものと保護者に認識されてしまうのは問題です。

そこで、子どものがんばりや活躍、よい行いなどを連絡帳で伝えるようにします。リアルタイムに近いかたちで子どもの様子と担任の評価を知らせることができ、保護者の担任への信頼を高めることにつながります。

ACTION!

子どものがんばりを連絡帳で伝えよう!

STEP 6

04

先手を打って伝える

後手がトラブルを招く

ケガやケンカなどのトラブルがあった時や子どもに厳しい指導をした時には、下校後に保護者から電話がきたり、翌日の連絡帳でメッセージが届いたりするものです。この時、保護者はすでに教師の指導に不満や不信感をもっています。先に聞いた子どもからの情報で誤解を抱き、トラブルが大きくなることもあります。こうした状況を回避するためにも、先んじて保護者に報告を入れることが鉄則です。

少しでも気になったら必ず連絡

ケガや友だちとのトラブル、教師からの厳しい指導などで子どもが落ち込んでいたり、今一つ納得していないと感じたりした時は、学校では気にする様子が見られなくても、家に帰ってからトラブルなどを思い出し、思わぬ展開を引き起こしていることもあります。少しでも気になったら、必ず担任から連絡することを心がけましょう。

連絡帳が保護者の目に留まらないこともありますから、連絡帳と合わせて電話を入れるのがよりよい対応です。

正確な情報と「ひと手間」が信頼を高める

保護者から尋ねられてから説明するよりも、担任から先んじて報告したほうが、冷静に受け入れてもらえ、また、偏見をもたせずに正確な事実を伝えることができます。尋ねられた後に説明するのと、先んじて報告するのとでは、その結果に天と地ほどの差が生じます。忙しさに忙殺されて面倒くさいと思い、連絡を先延ばしにしてしまうと、後で数倍もの時間と労力を消耗することになると肝に銘じておきましょう。

ACTION!

後回し厳禁。迷わず担任から連絡をとる!

STEP 6

05

学級通信で保護者とつながる

指導方針を理解してもらう

担任としての学級経営方針や授業、生徒指導の考え方について、保護者に直接伝える機会は、一年のうちにそう多くはありません。担任が子どもに求めていることや、クラスづくりで大切にしていることが伝わらなくては、保護者は不安を感じ、指導に不満を抱くことにもなります。

そのためにも学級通信を大いに役立て、日々の子どもの様子とともに教師の思いや教育観などを丁寧に伝え、保護者にしっかりと指導方針や教育観を理解してもらうように努めましょう。

また、担任の考えが今一つ理解できない、どのような人柄か分からないというのでは、保護者は安心して子どもを預けることはできません。授業や生徒指導での些細な疑問が、不満や不信感に変わり、ひいては担任不信につながってしまいます。
授業技術や学級経営力を高めるのは当然ですが、日頃から保護者に自分の人柄や教育観を学級通信の内容で理解してもらえる伝え方を工夫することが、学級経営や指導に対する理解と信用につながります。

教師理解が賛同者を増やす

子どもが教師の指導に不満をもったとしても、保護者に教師を理解してもらえているという前提があれば、「あなたのためを考えてのこと」と、保護者からの協力を得ることができます。
そのためにも教師の人柄を理解してもらうことが、保護者との距離を縮め、学級経営や指導方針への理解につながります。学級通信は、教師を理解してもらうための重要なツールという意識で作成し、保護者の賛同を得ていきましょう。

ACTION!

学級通信は自分を理解してもらうツールとしてこまめに発行しよう!

STEP 6

06

ともに考えて協力を得る

相談は真摯に受け止める

苦情やクレームではなく、子どもの生活態度や学習状況について、保護者から相談を受けることもあります。こうした相談に対して決定的な解決策を提案することは、経験豊富な教師でも難しいことです。しかし、ここで大切なのは、保護者の思いを受け止め、ともに悩み考える姿勢を示すことです。勇気を出して相談にやってくる保護者の気持ちを、まずは真摯に受け止めなくてはなりません。

保護者から情報を得る

スマートフォンが普及し、小学生の間でもＳＮＳに関係したトラブルが増えています。そのため、ネットトラブルに関する情報提供や相談が、保護者から寄せられることも珍しいことではなくなりました。保護者から得られた情報や相談内容は、大きなトラブルに発展する危険があると重く受け止め、学年主任や生徒指導部にすぐに報告し、引き続き保護者の協力も得ながら対応する必要があります。ネットトラブルへの対策は、学校と家庭が協力して取り組まなければ、効果は得られません。

校外指導は連携が不可欠

ネットトラブルをはじめ、子どもが下校した後にもさまざまなトラブルが発生します。そのすべてに学級担任が対応することは不可能ですし、また、その必要はありません。しかし、「校外で起きたことだから」と、突き放すこともできません。担任として、クラス全員に放課後の過ごし方やSNSの使い方などを考えさせ、指導しなくてはなりません。その上で保護者に協力を求め、連携して取り組む必要があります。

ACTION!

校外で起こったトラブルは、保護者と必ず情報共有しよう！

STEP 6

07

落ち着きが一番

保護者は平常を求める

保護者が担任に望むことは、子どもが元気で安全に学校生活をおくることです。もし、立ち歩きやおしゃべりで授業が不成立の状態になれば、我が子のクラスが落ち着くことを一番に望むでしょう。自分の子の学力や生活態度を心配することができるのも、クラスが落ち着いた平常の状態であればこそです。保護者に安心してもらい、信頼してもらうために、学級担任として大切なことは「クラスを平常に保つ」ことです。

学習参観で安心させる

保護者が、自分の子やクラスの様子を直接見る機会は、学習参観をおいて他にありません。教室で、我が子が友だちとどのような関係にあるのか、クラスの雰囲気はどうか、授業を参観しながらそれらを観察し、感じ取ろうとします。参観の時だけ、「よいクラス」を取り繕うことはもちろん不可能です。しかし、保護者がやってくることを意識して、子どものがんばる機会を増やしたり、集中して作業する場面をつくったりして、保護者に安心感をもってもらえるような工夫に努めましょう。

保護者会の出席率を嘆かない

保護者会の出席率を気にする教師は少なくありません。しかし、考え方を変えれば、保護者会の出席率が低いのは、現状に不満のない保護者や担任に任せておけば安心と思う保護者が多い証拠とも言えます。もしも、学級崩壊が起こり、さまざまなトラブルが起こるクラスであれば、多くの保護者が出席してくるはずです。保護者会に対する努力と工夫は必要ですが、出席率をあまり気にする必要はありません。

ACTION!

保護者を安心させるためにもっとも重要なことは、クラスを平常に保つこと！

STEP 6

08

聞き役が9割

保護者は聞いてほしい

不満や苦情を言いにくる保護者に対して、最初から「クレーマー」というイメージを抱かないことが重要です。このような保護者は、自分がどれほど不満をもっているか、どれほどつらい思いをしているのか、学校や担任に伝えたい、分かってほしいと訴えていると考えるべきなのです。そう思えば、たとえ担任に対する不満や苦情も、カウンセリングマインドで受け入れる心構えになり、負担感も軽くなります。

相づちを打ちながら聞く

自分のつらさを分かってほしい、聞いてほしいのだと理解すれば、保護者の話にそれほど感情を乱されることはありません。その際、話を受け入れていることが伝わるように、時折、相づちを打つことが大切です。これは、相手の言い分を全面的に受け入れるのではなく、つらさややるせなさ、怒りなどの感情に寄り添う気持ちを表すためです。共感の姿勢を感じた保護者は、徐々に冷静さを取り戻していきます。

切り返しは御法度

感情的になっている保護者は、まったく異なることを、あたかも事実であるように押し付けようとしてくることがあります。支離滅裂で無礼な態度に、「それは違う」と反論したくなることもあるでしょう。しかし、下手な切り返しは、いかに正論だとしても、相手をますます感情的にさせ、解決から遠のかせてしまいます。

訴えてきた保護者が冷静さを取り戻すまでは、絶対に口をはさんだり、反論したりしてはいけないと心に刻みながら対応していかなければなりません。

ACTION!

感情的な保護者には、相手が冷静になるまで言い分をしっかり聞く!

STEP 6

09

簡単にでも記録を残す

水かけ論を防ぐ

トラブル対応で、もっとも解決を困難にするのが、確実な証拠が皆無で、記憶に頼らざるを得ない事例です。子どものケンカによくある、「言った」「言わない」の水かけ論になり、誰も納得できずにあやふやになってしまいます。教務必携や日誌、手帳、パソコンなど、記録内容によって方法はさまざまですが、子どものトラブルや指導、保護者対応などは、必ず記録を残しておかなければなりません。

証拠が信頼関係を守る

ノートの隅に残されたたった数文字が証拠となり、問題を解決に導いてくれた経験が、私にはあります。証拠を書面などで残しておくことで、事実が正確に裏付けられるとともに、誤解や思い違いを防ぐことになります。

誤解や偏見、思い違いによって、事態がより複雑になり、トラブルがさらに大きくなってしまうことはよくあることです。記録することで確実に証拠を残しておくことにより、問題の解決はスムーズに進み、相手との関係が悪化するのを防ぎます。

軽微なこともメモに残す

どんなに軽微で些細に思えるトラブルや子どもに対する指導も、教務必携や手帳などに、一言でもメモとして残す習慣をつけましょう。自分ではたわいもないと考えていたことが、じつは大きなトラブルのもとだという場合もあるのです。

大きなトラブルに発展しそうになった時、このメモが問題を解決する大切な役割を果たすことになるかもしれません。メモをとる習慣は、自分の身を守る習慣です。

ACTION!

軽微なことでもメモで残す習慣を身につける!

STEP 6

10

どの保護者にも笑顔で冷静に

自分の対応が相手の対応を決める

苦情や不満を訴える保護者は、その気持ちが表情にも表れています。眉間にシワが寄っていたり、怖い顔をしていたりする保護者は、見た目通り、「戦闘態勢」でやってきます。

しかし、こちらも同じように恐い顔で迎えてはいけません。感情的になっている保護者こそ、笑顔で穏やかに迎え入れることが大切です。笑顔で、「お忙しいところすみません」と迎え入れることで、対決する意思がないことが暗に示されて保護者の気持ちを落ち着かせ、冷静さを取り戻すきっかけをつくることができます。

自分の対応の仕方に応じて、相手の対応が決まるということを心に留め、穏やかさと冷静さを保つように努めましょう。

感情が高ぶったら受け流す

保護者が自分勝手で支離滅裂な申し立てをしてきたとしても、絶対に不快な表情や態度を見せてはいけません。感情的な保護者ほど、冷静に穏やかに向き合うように心がけます。怒りや怯えの表情を見せると、相手の怒りに油をそそぐことになり、感情に任せた言葉を投げつけられ、互いに冷静さを失ってしまいます。

保護者の態度や言葉に、時にカチンとなり、感情が抑えられなくなりそうなこともあります。たとえ相手が保護者でも、人として許しがたい態度をとられれば、怒りが込み上げても仕方ありません。しかし、それを相手にぶつけたとしても、結果は悪い方向にしか進まないものです。

怒りの感情が湧き上がったら、保護者と向き合う様子を見せながら、言葉を聞き流して感情を収めることを第一に考えます。

ACTION!

笑顔で穏やかに迎え入れ、対立姿勢の解除に努めよう！

STEP 6

11 チーム対応を大切に

抱え込みは事態を重くする

「自分のクラスは自分で」という学級担任としての責任感は、教師であれば誰もが理解できる心情です。しかし、その思いが強すぎると、「恥ずかしい」「申し訳ない」と、すべてを一人で抱え込むことになりかねません。

特に保護者対応においては、他の教師とチームを組んで対応しなければ、不信を買い、大きなトラブルに発展するおそれがあります。

保護者対応は必ずチームで

保護者から子どもの指導に対する不満や苦情が寄せられたら、学級担任の経験が未熟なうちは、他の教師の力を積極的に借りながら必ずチームで対応してもらうようにお願いしましょう。慣れないうちは、どんなに軽微なものでも、保護者からの苦情にはショックを受けるものです。冷静に対応することができなくなる場合もあるため、学年主任や生徒指導主任などの経験豊かなベテラン教師に必ず相談するよう、あらかじめ決めておくことをおすすめします。

チームが保護者の安心に

学級担任だけで対応するよりも、複数の教師が関わるほうが、保護者の立場からしても安心です。はじめのうちは苦情や不満を感じていた保護者も、学年や学校で対応することで、「真剣に対応してくれている」と、反対に感謝するようになることもしばしばです。他の教師に応援してもらうことやチームで対応することは、自分と学校にとってだけではなく、保護者にとっても優れた方法であるといえるでしょう。

ACTION!

「抱え込み」は事態を悪化させる。チームで取り組んでいこう!

STEP 6

12

対応はスピードが勝負

行動で保護者は納得する

子どもが学校で頭を打ったら、すぐに保護者に連絡して病院を手配する。不審者情報があれば、すぐに聞き取り、管理職に報告する。子どもの物がなくなったら、クラスで捜索し、なければ連絡帳で保護者に伝える。こうしたトラブルが発生したら、すぐに行動することが重要です。特に保護者からの苦情には、家庭訪問をしたり調査を始めたりと、できる限り早く何らかの行動を起こすことが大切です。

「思い立ったら行動」が基本

子どものトラブルや保護者の苦情などがあった時、「こうするのがいいだろう」と決断したら、すぐに行動に移しましょう。何かあった時、すぐに行動してくれたと分かれば、それだけで保護者が納得する場合が多くあります。わずかな時間にもかかわらず対応に手間どったせいで、タイミングが狂い、大きなトラブルに発展してしまうケースがよくあります。

トラブル対応のための行動においては、早すぎることはめったになく、もし早すぎたとしても、そのことによって悪い方向に転ぶことはまずありません。

無駄な行動も無駄じゃない

保護者に直接会うほうがいいと考えて家庭訪問をしたら、行き違いになってしまったというように、行動を起こしたことが、結果的に無駄になってしまう場合もあります。しかし、行動を起こしたという事実が、大きな意味をもつのです。たとえ直接は目的を果たせなくても、すぐに行動を起こした「心」は、保護者をはじめ周囲に伝わります。無駄になったことに申し訳なく思うことはあっても、気分を害する人はいません。

ACTION!

決断したら素早く行動に移す！

13 誠実な対応を心がける

ミスをごまかさない

プリントの配付を忘れたり、誤字脱字があったり、連絡を間違えたりと、教師も人間ですから、しっかり注意しているつもりでもミスを犯すことはあります。しかし、大切なことは、自分の失敗を認め、そのことで子どもや保護者に迷惑をかけた時は、すぐに対応することです。ミスをあやふやにごまかしたままで対応したり、言い訳をして逃れようとしたりすると、ミスそのもの以上のトラブルが起きる危険があります。

不備不足は素直に認める

子どもへの指導に対して、保護者から不満や不信感が出た時は、自分の実践をしっかり振り返りましょう。そして、保護者の指摘通りの不備不足を認めたら、素直に受け入れることが大切です。もちろん、保護者からの指摘だからと言って、すべてを詫びる必要はありません。しかし、多くの場合、保護者目線の指摘は、学級担任として受け入れざるを得ない貴重な意見が多く、そう思えたら、素直に反省する姿勢が大切です。指摘に対して、詫びるとともに感謝の気持ちをもつことが成長につながります。

できないことはきっぱり断る

例えば、バスの座席変更の要求に応じれば、他の保護者から苦情が出ます。隣のクラスに迷惑をかけるかもしれません。保護者の中には、苦情や不満の他に、過度な要求を申し立てる人もいます。保護者との関係を悪化させないため、あるいはその場の苦痛から逃れたいがために、実現できるかどうか不確かな要求を受け入れることがあってはなりません。できないことは、できないと断るのが誠実な姿勢です。

ACTION!

素直なきっぱりとした対応でトラブルを防ぐ!

STEP 6

14

パートナーだと考える

担任が保護者を変える

「保護者はもっとも気をつかう存在」と考える教師は多いでしょう。しかし、近寄りがたい雰囲気で授業参観をしている保護者も、個人的に話をしてみると、意外にフレンドリーな人だったということがよくあります。確かに、頻繁に苦情を申し立て、何かと要求する保護者もいます。しかし、クレーマーのように思われる保護者も、子どものことを思うという点においては、教師と同じ気持ちでいる「仲間」と言えます。

教師から声をかける

じつは、担任が保護者に気をつかう以上に、保護者は教師に気をつかっています。

多くの保護者にとって、自分のほうから担任に声をかけるのは、かなりの勇気が必要だと考えておきましょう。保護者には必要以上に気をつかわず、あまり特別な存在と考えず、担任のほうから気軽に話しかけて、距離を縮めるよう努めます。

指摘や苦情は感謝すべき言葉

保護者からの指摘や苦情、要求などの中には、担任としての不足に気付かせてくれたり、指導方法を改善するためのヒントになるものが多くあります。保護者の物言いや、態度によって、「クレーム」と一蹴したくなることも時にはありますが、内容を冷静に分析してみると、「なるほど」と思えるものもあるのです。

パートナーという視点で保護者を見れば、保護者の苦情は教師を高めてくれる感謝すべき言葉になります。保護者を、モンスターにもパートナーにもするのは、他ならぬ自分自身だと心しておきましょう。

ACTION!

先入観を捨てて自分から声をかける!

STEP 6

15

足を運ぶ機会を増やす

顔を合わせれば気持ちは通じる

手紙で伝えるよりも電話のほうが、電話よりも直接顔を合わせたほうが、相手に気持ちが伝わります。大きなケガやトラブルが発生した時、家庭訪問をするのは言うまでもありませんが、それに加えて軽微なトラブルや、欠席時の連絡をする時など、機会あるたびに、できる限り家庭訪問をするように心がけましょう。直接顔を合わせることで、保護者との距離はぐんと縮まり、担任の応援団を増やすことになります。

思いを伝える

とにかく実際に足を運ぶことによって、学級担任としてクラスと子どもを思う気持ちの強さが、保護者と子どもに伝わります。授業の力量や生徒指導の力が未熟でも、「何かあれば直接足を運んでくれるくらい熱心な担任」と日頃の思いが伝われば、少々のトラブルは、大らかな気持ちで見守ってくれます。担任が困っている時は、応援してくれる保護者も出てきます。

足を運ぶことで、学級担任としての真剣な思いが自然に伝わっていきます。

不満が感謝に変わる

自分の子が欠席した日の放課後、担任が家庭訪問をして様子を気にしてくれれば、その心意気に感謝しない保護者はまずいません。連絡帳や電話連絡で十分済ませることができるにもかかわらず、直接家まで足を運んでくれる担任に、不満を感じる保護者は皆無と言ってもいいでしょう。たとえ不満や不信を抱いていても、顔を合わせて話した瞬間に感謝へと変わります。直接足を運ぶことで得られる効果は絶大なのです。

ACTION!

家庭訪問で信頼をつなぐ!

COLUMN 6

学級担任力をつける演習問題❻

保護者の無理な申し立てに、どう対応しますか。

「子どもの持ち物が、学校で誰かに盗まれた」と、保護者が来校してきました。かなり感情的な様子で、「盗んだ子を見つけ出して、謝罪をさせよ」という要求がありました。このような無理な申し立てに、どのように対応すればいいでしょう。

ヒント！

- 感情的になっている保護者にこそ、笑顔で冷静に迎え入れるように心がけ、絶対に対決姿勢を見せないようにしましょう。
- 保護者の憤りや苦悩を理解する姿勢を示し、途中で口をはさんだり反論したりすることは絶対に避けましょう。
- 聞き取りなどでの事実確認や、捜索などの対応を丁寧に行い、必ず記録を残して正確に情報提供ができるようにしましょう。

！対策例！

昔、よく苦情の申し立てをしてくる保護者がいました。取るに足りないような些細なことで、電話がかかってきたり直接来校してきたりしていました。ある時、電話でのやり取りを聞いていた校長先生が、「君の言うことは正論だ。しかし、それで相手は納得するだろうか？」と問いかけてきました。確かに、私が勝てば勝つほど、その保護者との距離は離れていきました。「人間だからね……」という校長先生の一言に、ハッとさせられました。それから、私はあえて相手の気持ちを受け入れるように努めました。すると、相手が徐々に私の考えに耳を傾けるように変わっていったのです。

「持ち物を盗んだ子に謝罪させて」という無茶とも思える要求があった時も、いったんは保護者の憤りを受け入れて、相手が冷静になったところを見計らい、「学校は犯人を捜すところではありません」と、教育的な指導を行うことが大切という趣旨を理解してもらうことができました。

おわりに

近年、教職を志望する人が減少していると言われています。教職に就いても、早期に退職する人が増えています。「教職はブラック職業」と考える風潮が、世の中に広がっていることは、とても残念でなりません。

確かに、一昔前とは異なり、教師の仕事は多忙になり、教師に対する世間の目は、厳しさを増しています。目の前の現実を思い起こしてみれば、自分の思うようにならないクラスや子どもの姿に苛立ちを覚え、感情を乱されることは、一日のうちに一度や二度ではないでしょう。保護者の不満や苦情に心を痛めることもしばしばです。

しかし、それらを差し引いても、教師・学級担任という仕事には、大きな魅力があります。一つのクラスを任され、自身の教育方針と理想に沿って舵を取り、責任をもって子どもとクラスを高めていくことのやり甲斐は、他の職業では決して得ることのできない満足感をあたえてくれます。

子どもの素直さや純粋さに心を洗われ、感動をもらい、人として失ってはならない大切なことを振り返る機会も得られます。子どもたちの成長のためにと、心を砕く苦労が大きければそれだけ、子どもたちは「成長」という大きなプレゼントを返してくれます。

私は現在、管理職という立場で、先生方が気持ちよく教育に打ち込み、子どもたちが元気に明るく勉学に励めるようにと、環境を整えることに力をそそいでいます。そのことも、大切な教育の仕事なのですが、学級担任という立場から退いてみて、改めて私は、「学級担任は本当にすばらしい仕事なのだ」と強く思うようになりました。

そして、子どもを指導している先生方の姿を見て、心から応援したくなるのです。「もっと、声を張り上げて」「そこで子どもに声をかけて」「いいんだよ。失敗しながら教師になっていくのだから」……。

繰り返しになりますが、学級担任は何にも代えがたい尊くすばらしい仕事です。先生方が、学級担任のすばらしさを実感し、教師であることに誇りを感じて充実した毎日を送ってほしいと願っています。

最後になりましたが、本書を刊行するにあたり、学陽書房の皆さんには、温かいご指導と励ましを頂戴しました。この場をお借りして深謝いたします。

二〇二〇年一月

中嶋郁雄

著者紹介

中嶋郁雄（なかしま いくお）

1965年、鳥取県生まれ。

1989年、奈良教育大学を卒業後、奈良県内の小学校で教壇に立つ。

新任の頃より「子どもが安心して活動することのできる学級づくり」を目指し、教科指導や学級経営、生活指導の研究に取り組んできた。現在、校長として学校経営を行いながら、後進の指導に当たっている。

子どもを伸ばすために「叱る・ほめる」などの関わり方を重視することが必要との主張のもとに、「中嶋郁雄の『叱り方』&『学校法律』研究会」を立ち上げて活動を進めている。

著書に『高学年児童、うまい教師はこう叱る！』『信頼される教師の叱り方　フツウの教師・デキる教師・凄ワザな教師』（以上、学陽書房）、『教師の道標 ―― 名言・格言から学ぶ教室指導』（さくら社）など多数ある。

新任1年目なのに、学級担任が驚くほどうまくいく本。

2020年 2 月20日　初版発行
2024年 2 月16日　7 刷発行

著　　者　　中嶋郁雄《なかしまいくお》

ブックデザイン　スタジオダンク
イラスト　ひらのんさ
発 行 者　佐久間重嘉
発 行 所　株式会社 学陽書房
東京都千代田区飯田橋1-9-3　〒102-0072
営業部　TEL03-3261-1111　FAX03-5211-3300
編集部　TEL03-3261-1112　FAX03-5211-3301
http://www.gakuyo.co.jp/
DTP制作・印刷　加藤文明社
製　　本　東京美術紙工

ISBN978-4-313-65389-4　C0037